Kontextualisering
Teoretiska tillämpningar i konstvetenskap: 2

Hans Hayden

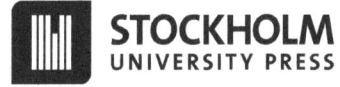

Published by
Stockholm University Press
Stockholm University
SE-106 91 Stockholm, Sweden
www.stockholmuniversitypress.se

Text © The Author(s) 2019
License CC-BY

Supporting Agency (funding): Institutionen för kultur och estetik vid Stockholms universitet

First published 2019
Cover Image: Leonardo da Vinci, Nattvarden
Cover license: Wikimedia Commons. Licens: fri domän (public domain)
Cover Design: Karl Edqvist, SUP

Basic Readings in Culture and Aesthetics

ISSN (Online) 2002-6463
ISBN (Paperback): 978-91-7635-091-1
ISBN (PDF): 978-91-7635-088-1
ISBN (EPUB): 978-91-7635-089-8
ISBN (MOBI): 978-91-7635-090-4

DOI: https://doi.org/10.16993/baw

This work is licensed under the Creative Commons Attribution 4.0 Unported License. To view a copy of this license, visit creativecommons.org/licenses/by/4.0/ or send a letter to Creative Commons, 444 Castro Street, Suite 900, Mountain View, California, 94041, USA. This license allows for copying any part of the work for personal and commercial use, providing author attribution is clearly stated.

Suggested citation:
Hayden, H. (ed.) 2019. *Kontextualisering. Teoretiska tillämpningar i konstvetenskap: 2.* Stockholm: Stockholm University Press. DOI: https://doi.org/10.16993/baw. License: CC-BY 4.0

To read the free, open access version of this book online, visit https://doi.org/10.16993/baw or scan this QR code with your mobile device.

Basic Readings in Culture and Aesthetics

Basic Readings in Culture and Aesthetics (BaRCA) is a peer-reviewed series of monographs and edited volumes published by Stockholm University Press. BaRCA provides a publishing platform for academic textbooks built on high-quality research mainly within the disciplines of Art History, Heritage Studies, Curating Art, History of Ideas, Literary Studies, Musicology, and Performance and Dance Studies.

It is the ambition of BaRCA to place equally high demands on the academic quality of the manuscripts it accepts as those applied by international academic publishers of a similar orientation. BaRCA accepts manuscripts in English and Swedish

Editorial Board

Frida Beckman, Professor of Literature at the Department of Culture and Aesthetics at Stockholm University

Jørgen Bruhn, Professor of Comparative Literature at the Centre for Intermedial and Multimodal Studies at Linnaeus University in Växjö

Anna Cullhed, Professor of Literature at the Department of Culture and Aesthetics at Stockholm University

Karin Dirke, Associate Professor of History of Ideas at the Department of Culture and Aesthetics at Stockholm University

Johanna Ethnersson Pontara, Associate Professor of Musicology at the Department of Culture and Aesthetics at Stockholm University

Kristina Fjelkestam, Professor of Gender Studies at the Department of Ethnology, History of Religions and Gender studies at Stockholm University

Christer Johansson (coordination and communication), PhD Literature, Research officer at the Department of Culture and Aesthetics at Stockholm University

Jacob Lund, Associate Professor of Aesthetics and Culture in the School of Communication and Culture, Aarhus University

Catharina Nolin, Professor of Art History at the Department of Culture and Aesthetics at Stockholm University

Sonya Petersson, Postdoctor of Art History at the Department of Culture and Aesthetics at Stockholm University

Meike Wagner (chairperson), Professor of Theatre Studies at the Department of Culture and Aesthetics at Stockholm University

Titles in the series

1. Hedlin Hayden, Malin & Snickare, Mårten (red.) 2017. *Performativitet. Teoretiska tillämpningar i konstvetenskap: 1.* Stockholm: Stockholm University Press
2. Hayden, Hans (red.) 2019. *Kontextualisering. Teoretiska tillämpningar i konstvetenskap: 2.* Stockholm: Stockholm University Press

Riktlinjer för sakkunniggranskning

Stockholm University Press sakkunniggranskar alla publikationer i två steg. Varje bokförslag skickas till ett redaktionsråd av experter inom ämnesområdet samt till två oberoende experter. Den fullständiga bokmanuset granskas i sin helhet av två oberoende experter.

En utförlig beskrivning av förlagets riktlinjer för sakkunniggranskning finns på webbplatsen: http://www.stockholmuniversitypress.se/site/peer-review-policies/

Redaktionrådet för Basic Readings in Culture and Aesthetics tillämpar enkel sakkunniggranskning av bokförslag och manuskript. Vi vill tacka alla granskare som är involverade i denna process. Ett särskilt tack till dem som har sakkunniggranskat bokmanuset till den här boken.

Innehållsförteckning

Inledning 1
Hans Hayden

Det dolda och det synliga: mötet vid statyn 39
Elisa Rossholm

Kungsträdgården: från kunglig kålgård till kommersialiserat stadsrum 57
Catharina Nolin

Målning, bild och kulturarv: graffitimålningen *Fascinate* som visuell ekologi 83
Jacob Kimvall

Att kontextualisera arkitektur: Bauhausskolans gestaltade miljö 121
Anna Ingemark

Situationens logik: bild, plats och funktion 143
Hans Hayden

Referenshantering: lager, ekon och reflektioner i Lina Selanders *Model of Continuation* 171
Sara Callahan

Författarpresentationer 203

Inledning
Hans Hayden

Den här boken handlar om ett begrepp som förekommer överallt i olika sammanhang, men som är ett av de vanligaste specialiserade begreppen inom humanistisk forskning: *kontext*. Det kommer av de latinska ändelserna *com* (KON-) och *textus* (TEXT) och betyder helt enkelt "text i sitt sammanhang...".[1] Den enkla definitionen av ordet kontext är alltså att det betyder *sammanhang*. Som vetenskapligt begrepp har det dock en mer instrumentell och analytisk innebörd, exempelvis inom språkvetenskap och semiotik där begreppet kontext innebär de entiteter som skapar en ram runtomkring studieobjektet (t.ex. ett ord eller en händelse) och med vars hjälp man kan förstå, beskriva och tolka objektet ifråga.[2] Betydelsen och bruket av detta begrepp skiftar dock mellan olika vetenskaper – och ibland inom en och samma vetenskap – vilket gör en strikt teknisk definition omöjlig. Snarare handlar det om att uppmärksamma och förstå hur begreppet *används* i vetenskapliga tolkningar.

Att tolka något innebär ett försök att utröna möjliga betydelser hos studieobjektet, men det är de frågor vi ställer som sätter ramarna för de möjliga svar

---

Hur du refererar till det här kapitlet:
Hayden, H. 2019. Inledning. I Hayden, H. (ed.) *Kontextualisering. Teoretiska tillämpningar i konstvetenskap: 2.* Pp. 1–37. Stockholm: Stockholm University Press. DOI: https://doi.org/10.16993/baw.a. License: CC-BY 4.0

vi kan få. Att undersöka teman i Ingemar Bergmans filmer utifrån kända fakta från hans barndom ger ett helt annat resultat än en jämförande studie mellan *Höstsonaten* och Woody Allens film *Interiors*. Båda tolkningarna kan vara helt godtagbara och i båda fallen innebär tolkningen att man upprättar vissa relationer, där det studerade föremålet förstås i förhållande till en viss kontext. Detta är ingenting unikt bara för en viss form av vetenskap: vi tolkar hela tiden olika tecken i vår omgivning utifrån en förståelse av olika sammanhang.

Vi kan ta ett enkelt exempel med en bild eller ett tecken vi stöter på dagligdags: vägmärket vid övergångsställen (*Herr Gårman*). Trafikmärket är utfört av konstnären och designern Kåge Gustafsson i mitten av 1950-talet. Det genomgick några smärre förändringar fram till 1972 då bilden fick den skepnad som den har idag. Men vad är det vi ser – och hur kan vi förstå det?

Man kan urskilja en svart gestalt som går över svarta streck inom en vit triangel på blå botten. Den här bilden har dock ett specifikt syfte, att markera en zon i trafiken där relationen mellan fotgängare och bilister regleras på ett särskilt sätt. Bilden är till för att uppmärksamma, så ingen ska missa vad som gäller. För att förstå bilden i förhållande till sin funktion som trafikmärke måste vi alltså känna till regelverkets avsikt: att styra bilistens och fotgängarens beteende i en viss situation. Denna situation regleras av Trafikförordningen som bestämmer hur bilisten (3 kap. 61 §) och fotgängaren (7 kap. 4 §) ska handla.[3] Om du kör på en fotgängare på ett övergångsställe kommer du förmodligen att få ett betydligt hårdare straff än om det sker utanför de vita fälten. Här kan man alltså se hur kontexten (regelverk och lagar) både ger en viss betydelse till bilden och påverkar vårt handlande. Men man kan vidga kontexten och ställa frågan varför detta vägmärke tillkom i mitten av 1950-talet? Uppenbarligen fanns ett behov av att på ett striktare sätt reglera trafiken och trafikanternas beteende. Efterkrigstidens ekonomiska uppsving i Sverige och andra delar av Västeuropa och USA innebar en oerhörd expansion av antalet privatägda bilar och en omfattande utbyggnad av vägnätet. Detta ledde i sin tur till en kraftig ökning av antalet olyckor i trafiken. 1950 fanns c:a 350 000 bilar i Sverige och det året omkom 595 personer.[4] Femton år senare 1965 uppnåddes det högsta dödstalet någonsin, med 1 313 omkomna i trafiken. Antalet bilar var då c:a 2 miljoner. Idag finns omkring 4,7 miljoner bilar i trafiken och mellan februari 2016 och januari 2017 omkom 259 personer i vägtrafiken – den lägsta siffran sedan 1940-talet.[5] Behovet och tillkomsten av nya regler och vägmärken under efterkrigstiden pekar på ett behov av att höja trafiksäkerheten – vilket i sin tur kan ses som en effekt av ett sammanhang med ekonomisk expansion och mycket snabb samhällsomvandling som i sin tur orsakade nya konsumtionsvanor och beteendemönster.

En tredje kontext handlar om själva bilden. Ifall vi betraktar vägmärket utanför dess trafiksammanhang, vad händer då? Om vi exempelvis skulle stöta på det i ett konstgalleri. Vad som händer i konstgalleriet är att ett antal tolkningsmöjligheter förändras och expanderar. Till en början kan man betrakta bilden som ett typiskt exempel på grafisk design från efterkrigstiden. Kanske börjar vi också ställa frågor om bildens utseende och formspråk.

Det är en i högsta grad stiliserad bild. Orsaken till det är att den ska vara lätt att uppfatta och förstå, för tanken är ju inte att bilisten ska sitta och göra komplexa tolkningar utan handla snabbt och distinkt. Den vita triangeln skär av den blå kvadraten i ett abstrakt spel med former. Men man kan också förstå den vita triangeln som en väg som fortsätter i ett mycket brant perspektiv. Hela bilden framstår här som ett negativ, med en vit gata, svarta övergångsstreck och en svart figur. En fråga man här måste ställa sig är vad bilden alls gör i ett konstgalleri. Handlar utställningen om industridesign? Eller är det en samtida konstnär som mycket precist avbildar ett vägmärke? Eller är det en ready-made?

För att alls förstå bilden här måste vi skaffa oss annan information bortom trafik-kontexten, där den ursprungliga betydelsen ställs i relation till nya möjliga betydelselager – där vägmärket-som-konstverk måste tolkas i förhållande till konstnärliga traditioner och estetiska konventioner. Den tidigare så entydiga bilden har blivit mångtydig.

Man kan här urskilja åtminstone tre olika aspekter på vad kontexten gör i en tolkning:

1. Kontexten kan vara stor eller liten, den kan handla om det samhälle där studieobjektet är tillkommet i eller om en specifik situation där det förekommer och används.
2. Olika kontexter ger olika betydelser och olika typer av information.
3. Uttolkaren är den som skapar och aktiverar en kontext i sin tolkning, uttolkaren *kontextualiserar.*

Så långt har vi talat om den ganska elementära situation som trafikmärket utgjorde. Frågan är dock vad detta innebär i praktiken: hur påverkas den konstvetenskapliga tolkningen av dessa aspekter.

Bild och samhälle

En kontext kan vara många olika saker: den kan utgöras av bilden i sig och hur de olika bildelementen relaterar till varandra och till helheten; den kan vara bildens cirkulation i vår egen samtida visuella kultur; den kan bestå av bildens förhållande till ett historiskt narrativ av andra likartade bilder; den kan beskriva relationen mellan bild och uttolkare. Eller så innebär kontext studieobjektets förhållande till det omgivande samhället. Och det är i den sistnämnda betydelsen som begreppet "kontext" oftast använts i konstvetenskapliga och konstteoretiska studier.

Frågan om hur man kan förstå samhällets och kulturens påverkan på bildkonst, design och arkitektur har en lång och komplicerad historia. Johan Joachim Winckelmann var inte bara en av de första att skriva en mer systematisk konsthistoria i slutet av 1700-talet, han utgick även från idén om att det var specifika historiska orsaker som låg bakom den konstnärliga utvecklingen i antikens Grekland: klimat, politik och sociala omständigheter.[6] För att förstå en viss stil eller epok, måste historikern ta hänsyn till dessa faktorer i sin analys. Detta förhållningssätt fick ett oerhört stort inflytande på kommande generationer av konsthistoriker. Vid 1800-talets mitt var kulturhistoria ett dominerande perspektiv inom historisk forskning vid tyska universitet, med Jacob Burckhardt som ledande gestalt. Här uppfattades konstens utveckling som parallell med andra områden i samhället och kulturen:

den italienska renässansens bildkonst och arkitektur stod hos Burckhardt i direkt relation till dess sociala institutioner och det dagliga livet.[7] Denna inriktning förlorade dock i hög grad sin ställning i den tyskspråkiga universitetsvärlden mot slutet av 1800-talet och bland konsthistoriker kan man se en strävan vid denna tid att tydliggöra och legitimera den egna disciplinen genom att renodla ett formalistiskt perspektiv, så att gränsen mellan konstvetenskap och andra vetenskaper, som exempelvis kulturhistoria, blev tydligare. Hos Heinrich Wölfflin, som var en förgrundsgestalt inom denna riktning, analyserades i början av 1900-talet konsten isolerad från samhället och han förstod historiska förändringar som en hos konsten inneboende utveckling där stil föds ur stil.[8] Även detta var en form av kontextualisering, men som helt bortsåg från samhällets inverkan på konsten.

Sedan sekelskiftet 1900 har frågan om konstens förhållande till samhället varit omdiskuterad och en rad olika försök har gjorts för att återupprätta någon form av kulturhistoriskt perspektiv, som sätter konsten i en aktiv relation till samhället, men på ett mer teoretiskt genomarbetat sätt än 1800-talets kulturhistoria. Ett tydligt exempel på detta är de olika traditioner av socialhistorisk och marxistiskt präglad konstvetenskap som växte fram i mitten av 1900-talet, med företrädare som Arnold Hausser och Frederick Antal och senare T.J. Clark och Griselda Pollock. Samtliga utgår från den marxistiska idén om att basen (samhällets makt- och produktionsförhållanden) styr överbyggnaden (politik, religion, konst etc.), vilket hos mer dogmatiska marxister lett fram till den så kallade spegelteorin:

att all kulturell produktion är en direkt reflektion av samhällets produktionsförhållanden. Clark avfärdar i sin tur en sådan förenklad modell och utför i sina studier en betydligt mer avancerad analys, som förstår detta förhållande som en komplex växelverkan mellan sociala strukturer och bildkonst, där centrala begrepp som klass och ideologi används för att undersöka bildkonstens relationer till olika sociala strukturer och institutionella sammanhang.

Så analyserar han exempelvis hur det negativa mottagandet av Éduard Manets målning *Olympia* på Parissalongen 1865 handlade om att konstnären avsiktligt frångått de etablerade koder för nakenhet-som-ideal-skönhet som den tidens konstvärld föreskrev, och istället visade upp en reell naken kvinna: en prostituerad redo att ta emot en kund.[9] På så vis pekade bilden – medvetet eller omedvetet – ut de ideologier som etablerats kring prostitution i den tidens Frankrike, för att normalisera och maskera det sociala och sexuella förtryck som prostitutionen utgjorde. Kritikernas negativa respons tog fasta på tekniska detaljer i målningen, när de i själva verket upprördes över konstnärens utpekande av ideologins förljugenhet.

Griselda Pollock å sin sida påvisade en bild fläck i Clarks analys. Det var, menade hon, inte enbart bildens punktering av en estetisk och ideologisk konsensus som upprörde, det var framför allt dess placering i en viss situation: på Parissalongen.[10] Detta var en utställning där alla samhällsskikt i dåtidens Paris samlades, familjer gick med sina barn för att se den väldiga utställningen med samtida konst som hölls vart annat år. Då fick de plötsligt se något som möjligen var välbekant för fadern i familjen men som till varje pris måste hållas dolt för modern och barnen – mötet med en prostituerad. Vad Pollock visar är att det inte bara finns en klassmässig och sexuell laddning i bilden, utan att den i sin situation visade upp även ett skevt förhållande mellan män och kvinnor, där olika platser och rum var förbehållna män ur borgerligheten. De kvinnor som vistades där kom från arbetarklassen och fanns där som anställda (servitriser, dansare, sångare, prostituerade), men aldrig som kunder. Här kan man se hur Clark respektive Pollock tillför olika lager av historisk kunskap och teoretisk analys för att klargöra en social kontext i vilken bilden får en viss betydelse.

Men även om de socialhistoriska, marxistiska och feministiska tolkningstraditionerna lämnat centrala bidrag till bildtolkningens historia, utgör de långt ifrån några dominerande riktningar. Ett helt annat förhållningssätt till konstens relation till samhället, som kom att bli en dominerande konstvetenskaplig riktning efter andra världskriget, var Erwin Panofskys utveckling av en ikonologisk tolkningsmodell. 1934 publicerade han en artikel om Jan van Eycks omtalade porträtt av makarna Arnolfini från 1434, vars syfte var att demonstrera styrkan i den ikonologiska tolkningsmetod som han höll på att utforma.[11]

Det är en av konsthistoriens mystiska bilder. Ingen vet egentligen vad den föreställer, dess ursprungliga betydelse har gått förlorad genom århundradena. Vi vet vem som målade bilden och när den målades, för det finns en inskription som säger "Jonannes de eyck fuit hic 1424", (Jan van Eyck var här 1424). Genom inventariebrev kan man också uttyda att den till en början fanns i en snidad träram med olika latinska inskriptioner hämtade från

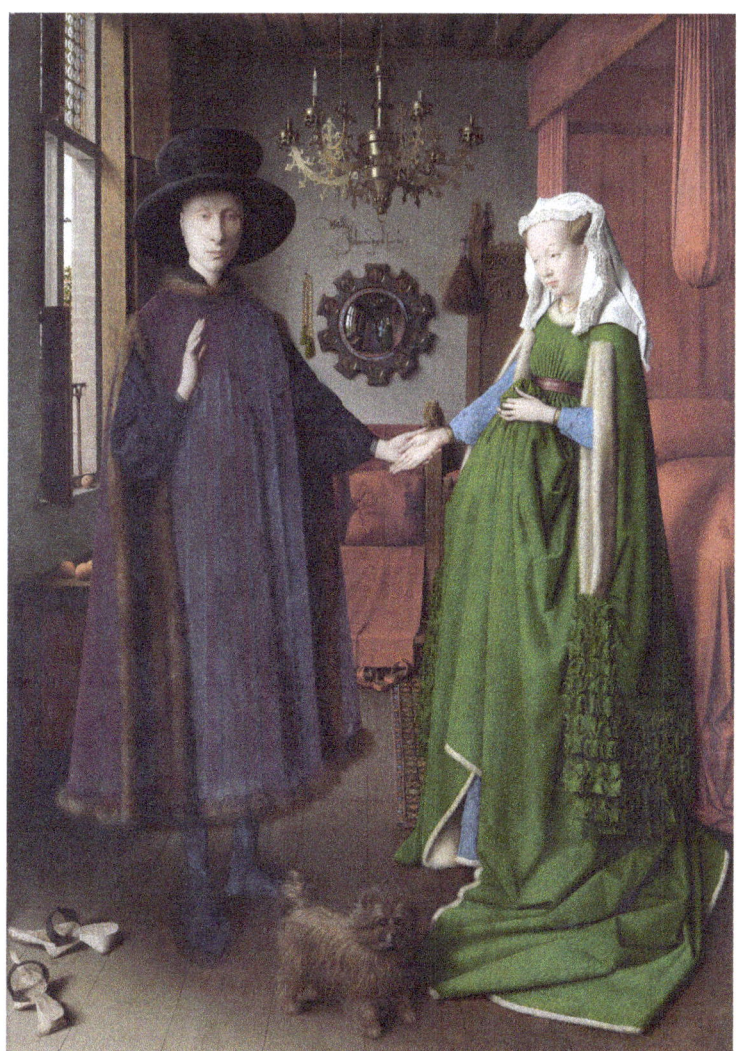

Bild 1. Jan van Eyck, Arnolfiniporträttet, 1434, olja på pannå, 82 x 60 cm, National Gallery, London. Wikimedia Commons. Licens: fri domän

Ovidius, men som numera har gått förlorad. Detta är vad vi faktiskt vet.

Av tradition antogs porträttet föreställa den italienska köpmannen Giovanni di Arrigo Arnolfini and hans fru Jeanne. Det man först slås av i målningen är den höga graden av realism och den oerhörda detaljrikedomen. Panofsky menade att detaljerna inte bara var realistiska representationer av olika föremål utan att de också hade en symbolisk innebörd. Frågan var därmed vad de betydde – och hur föremålen hänger samman med bilden som helhet. För att få svar på dessa frågor hänvisade Panofsky till mängder dokument, litterära källor och bilder han funnit i olika arkiv runt om i Europa. De olika detaljerna kunde därmed ges en specifik och historiskt etablerad symbolisk innebörd: hunden = trohet, det brinnande stearinljuset = Guds närvaro, de avtagna skorna = de beträder helig mark, apelsinerna = fruktbarhet och havandeskap, och så vidare.

Vad händer då när man lägger samman de olika symbolerna och relaterar dem till bilden som helhet. För Panofsky var det uppenbart att alla bildens delar pekade mot dess huvudmotiv som var bröllopet mellan Giovanni Arnolfini och Jeanne de Cenami. Men de står ju i en sängkammare, kunde man verkligen gifta sig i hemmet? Ja, menade Panofsky, och baserade sig på med målningen samtida dokument som beskrev just den typen av vigsel. Hemmet *blev* i vigselceremonin helig mark (skorna), man gav sina löften inför Gud (ljuset) och svor evig trohet (hunden eller "Fides"). Här kan man se hur den ikonologiska tolkningen väver samman element från omvärlden (juridik, religion, ekonomi, sedvänjor) med detaljer i bilden: målningen framstår som ett register över en för längesedan förlorad världsuppfattning.

Men inte nog med det. Om man ser noga på den konvexa spegel som finns mitt i bilden ser man någonting ganska anmärkningsvärt: framför Giovanni och Jeanne ytterligare ett antal personer. Spegeln

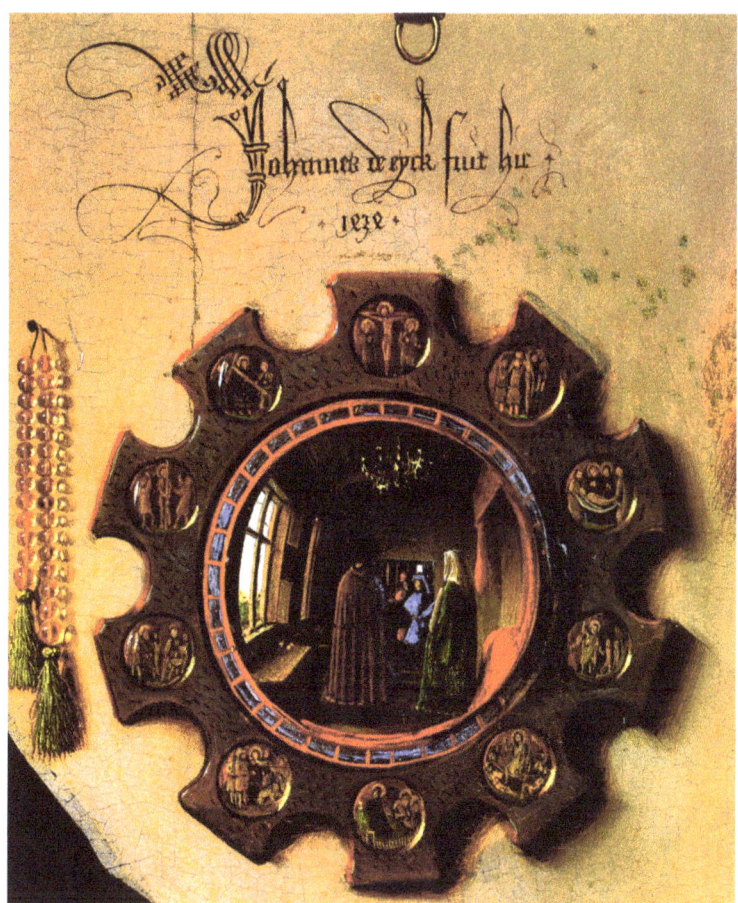

Bild 2. Jan van Eyck, Arnolfini (detalj, spegeln). Wikimedia Commons. Licens: fri domän

visar alltså en händelse där flera personer är involverade och står framför varandra, medan bilden bara gestaltar två personer rakt framifrån.

Spegeln tycks alltså påvisa om att det rör sig om något slags utbyte, möjligen en ceremoni. Enligt konstvetaren Svetlana Alpers är det konstnären själv och hans gemål som syns i spegelns reflexion.[12] Konstnären är sålunda dubbelt närvarande: visuellt i spegeln och genom signaturen strax ovanför. Och Panofsky menade att detta förhållande kopplat till konstnärens signatur gav bilden ytterligare en betydelse. Signaturen var enligt honom skriven på ett sätt som överensstämde med dåtida juridiska dokument. Bilden var inte bara ett porträtt, inte heller bara en avbildning av makarna Arnolfinis vigsel: bilden utgjorde ett juridiskt bindande dokument över bröllopet, ett vigselcertifikat. Så tyckte sig Panofsky ha löst den sekelgamla gåtan med innebörden av Jan van Eycks porträtt. Problemet är bara att han hade fel.

Senare tids forskning har funnit dokument som visar att bröllopet mellan makarna Arnolfini ägde rum först 1447 – alltså tretton år efter det att målningen utfördes och sex år efter Jan van Eycks död.[13] Det har då föreslagits att målningen i själva verket visar Giovannis kusin Giovanni di Nicolao Arnolfini och hans fru Constanza. Men även denna tolkning faller eftersom kusinens fru dog redan 1433 – ett år före det att Jan van Eyck utförde målningen. Innebär detta då att alla symboliska och ikonologiska tolkningar faller? Det finns möjligen en alternativ förklaring. I ljuskronan ser man inte bara ett brinnande ljus utan även ett som brunnit ut och slocknat. Konstvetaren Margaret Koster har då föreslagit att målningen därför inte är en skildring av ett bröllop utan minnesbild – ett slags epitafium – över den avlidna Constanza.[14] Oavsett om den tolkningen är korrekt eller inte så visar den på hur en liten detalj – det utbrunna ljuset – helt kan omkullkasta bildens innehåll.

Vad vi kan se i Panofskys och andras tolkningar av Jan van Eycks målning är hur detaljer i bilden relateras till bildens helhetsbetydelse och hur bilden i sig står i en tydlig relation till det omgivande samhället och dess världsåskådning. Om en bild av ett föremål antas ha en symbolisk betydelse (hunden som trohet) så måste det finnas en överenskommelse i samhället eller inom en grupp där en sådan läsart är accepterad. Då den symboliska betydelsen gått förlorad, är det upp till den moderna uttolkaren att försöka rekonstruera det sammanhang där den förekom. Panofsky tänker sig att *Arnolfiniporträttet* inte bara var en representation av en vigsel och ett vigselcertifikat, utan en manifestation av den nederländska kulturens världsåskådning i början av 1400-talet: en märklig förening av ett äldre medeltida symboliskt tänkande och en samtida, av italiensk renässans påverkad vilja till naturobservation och realism.

Bildens förhållande till samhället förstås här inte i termer av sociala relationer och maktstrukturer, utan som ett symptom på bakomliggande tankestrukturer och världsåskådningar i 1400-talets Nederländerna.

Här kan vi iaktta en tankefigur som varit oerhört inflytelserik i konstvetenskapens historia, nämligen idén om att varje kultur vid en vis tidpunkt äger en specifik kärna som utgör dess essens och som manifesterar sig i alla dess olikartade uttryck, idéer och verksamheter. Denna tankefigur har sitt ursprung i Friedrich Hegels filosofi från 1800-talets första hälft och dess grundläggande teori om relationen mellan konst och samhälle. Den har på ett träffande sätt sammanfattats av konstvetaren Ernst Gombrich i vad han kallar "det hegelianska hjulet".[15]

Alla olika tankestrukturer, verksamhetsområden och institutioner i en viss kultur antogs hänga ihop:

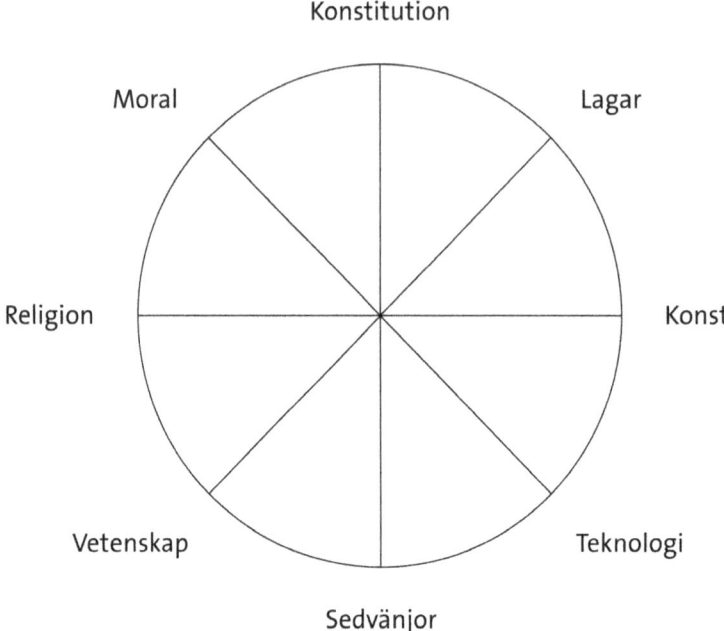

Figur: Grafisk bild av Hegels hjul. Copyright: Hans Hayden. Licens: CC BY

liksom ekrarna i ett hjul strålade de samman i en och samma tidsanda eller folksjäl (*Volksgeist*).[16] På så vis antogs lagstiftning, religion, konst och teknologi alla vara *symptom* på samma andliga innehåll. Genom att analysera den ena kunde man förstå den andra och varje studie måste komma fram till samma förståelse av den gemensamma andan. Ifall sammanhanget saknades var det ett tecken på att tolkningen missat något väsentligt.

Detta förhållningssätt kom att bli oerhört inflytelserikt inom konstvetenskapen i försöken att skapa en systematisk kulturhistorisk eller socialhistorisk tolkningsteori, från 1800-talet fram till vår tid. Gombrich har visat att även forskare som tog avstånd från Hegels metafysik ändå i hög grad har tillämpat idén om att varje kultur har en inneboende essens. Hit kan man räkna flera av ämnets tidiga förgrundsgestalter som Jacob Burckhardt, Alois Riegl, Max Dvorák, Heinrich Wölfflin och Erwin Panofsky. Det går även att hävda att delar av den starka traditionen av marxistisk socialhistorisk konstvetenskap bygger på denna tankefigur, fastän i "sekulariserad" form.[17] Istället för idén om en folkvilja framstår här idén om överbyggnadens beroende av basen som en apriorisk grundprincip: att t.ex. konsten i ett samhälle direkt kan förstås som en reflektion av produktionsmedel och ägandeförhållanden.

Vad Gombrich och många andra har ifrågasatt är själva det obestridliga (aprioriska) antagandet både hos Hegel och hos Marx, där en förutbestämd modell tas för given och där historikerns uppgift i värsta fall snarast blir att rättfärdiga modellen. Ingen förnekar att det finns relation mellan konst och samhälle, frågan är bara hur man kan förstå den?

Det finns många olika svar på den frågan. En gemensam nämnare i alla seriösa konstvetenskapliga tolkningar är en betoning av specifika faktorer snarare än aprioriska antaganden. I de fall man talar om stora, övergripande skeden och epoker som t.ex. renässansen eller moderniteten, så måste det preciseras vad som avses. *Arnolfiniporträttet* är lika lite som *Herr Gårman* reflektionen av en viss folksjäl, utan snarare en produkt av de specifika omständigheter som respektive beställning utgjorde. I det ena fallet kan vi ganska lätt rekonstruera dem, i det andra fallet har vi väldigt lite att gå efter. Att bara hävda att van Eycks målning är uttryck för en brytningstid mellan medeltiden och renässansen i norra Europa och att vägmärket är en produkt av moderniteten, ger väldigt vag information. För att förstå bilderna blir man tvungen att granska deras specifika kontexter.

Som vi såg i det inledande exemplet gick det att fastställa ett ursprungligt syfte med vägmärket, samtidigt som dess betydelse förändrades beroende på vilket sammanhang det uppträdde i. En viktig aspekt av detta begrepp formulerades av vetenskapsteoretikern Karl Popper i boken *The Poverty of Historicism* (1957). I den kritiserade han historismens vetenskapsteori därför att den genom att anta att det sociala livet lydde under vetenskapliga lagar och att historiska skeenden därför kunde förutsägas, begick ett fundamentalt misstag: att bortse från att varje historiskt och socialt skede bygger på en oöverskådlig mängd individuella handlingar. Istället för att tala om övergripande lagbundna skeden borde sociologer och historiker istället identifiera enskilda situationer och hur individer och grupper handlar utifrån det kan beskriver som en *situationens logik*.[18] Ifall individen är rationell så kommer denna logik att styra individens val i den givna situationen. För Popper gällde detta lika väl för individer från en förgången tid som studeras av en historiker som för historikern själv. För att förstå ett fenomen av något slag – en bild, en byggnad eller en händelse – är det alltså avgörande att förstå den situation där detta fenomen uppträder.

Gombrich utgick från denna modell och menade att det för en historiker är viktigt både att studera den historiska situationen och individens förutsättningar. Vidare menade han att i de fall vi känner till tillräckligt många historiska aspekter av den situation i vilket ett konstverk tillkommit, så kan vi sluta oss till konstnärens intentioner. Idag framstår nog detta sätt att ta intentioner för givna som högst problematiskt – liksom att alls använda intentioner som förklaringsmodell. En forskare som gjort ett försök att bygga vidare på och konkretisera Poppers och Gombrich idéer är konstvetaren Michael Baxandall i boken *Patterns of Intention* (1985). Där utgår han från vad som kan kallas en "mikrosocial kontext". Det handlar här inte om en återgång till romantiska eller psykoanalytiska försök att utröna vad som rört sig i upphovspersonens medvetande, utan om en kartläggning av en historiskt specifik situation:

> The maker of a picture or other historical artefact is a man addressing a problem of which his product is a finished and concrete solution. To understand it we try reconstruct both the specific problem it was designed to solve and the specific circumstances out of which he was addressing it.[19]

Vad Baxandall söker är de dokumenterade utmärkande omständigheterna kring tillblivelsen av ett verk. Beroende på situation och typ av objekt syftar analysen till att specificera förutsättningen för igångsättandet av den process som leder fram till ett verk. Denna process kan se ut på olika sätt: förloppet bakom uppförandet av en tågstation eller framställandet av en reklambild skiljer sig förmodligen radikalt från utförandet av en abstrakt expressionistisk målning, äldre tiders konst är tillkommen under helt andra betingelser än konsten i vår samtid, och så vidare. I alla situationer sker någon form av utbyte mellan samhälle och verk. Men man ska inte förstå detta som att samhället utgör en alltigenom styrande kontext, utan snarare som en dynamisk relation där konstnärer, formgivare, arkitekter och andra också påverkar och definierar vad som är möjligt att tänka och förstå i en viss kultur. Att bilder, byggnader och artefakter måste tolkas i relation till det omgivande samhället är något som idag framstår som en självklarhet för de flesta konstvetare. Detta har också varit en bärande idé i den förnyelseprocess inom konstvetenskapen på 1970- och 80-talen, som i den engelskspråkiga världen gick under beteckningen *New Art History* och i den tyskspråkiga *Bildwissenschaft*. Till en del låg dessa riktningar till grund för utvecklingen av *Visual Studies* eller *Visual Culture* från och med 1990-talet. I vissa fall rörde sig detta om ett nytt förhållningssätt inom konstvetenskapliga studier, präglat av nya teoretiska perspektiv, i andra om uppbyggnaden av en helt egen akademisk disciplin. Alla dessa rörelser präglades av ett tvärvetenskaplig angreppssätt som innebar en breddning av konstvetenskapens studieobjekt till att omfatta alla slags bilder, bebyggda miljöer och föremål – och en strävan att förstå dessa studieobjekt i ett socialt sammanhang. Förnyelseprocessen innebar också ett ökat intresse för teori, i synnerhet semiotik och poststrukturalism, samt ett allt tydligare politiskt intresse som tog sig uttryck bland annat i nymarxism, feminism, postkoloniala studier och queerteori. Gemensamt för dessa teoretiska förhållningssätt är att de alla förhåller sina studieobjekt till olika former av kontexter: sociala, kulturella, politiska, sexuella, ekonomiska, mediala etc.

En av de viktiga skillnaderna mellan den hegelianska tankefiguren och dagens olika former av kontextuella tolkningar är att man istället för en samlande essens (folksjäl, tidsanda, världsåskådning) snarare betonar hur handlingsstrukturer och tankemönster är diskursiva formationer som omfattas av grupperingar och institutioner i ett samhälle. Bilder och byggnader bär förvisso vittnesbörd av sociala förhållanden, tankemönster och maktförhållanden i ett samhälle, men sätten de gör det på är både mer intrikata och specifika än vad det hegelianska hjulet anger. En annan viktig aspekt av senare tiders kontextuella tolkningar är nödvändigheten att förstå de specifika mediala former där bilder uppträder. Konstvetaren Keith Moxey har betonat nödvändigheten både av att jämföra och kontrastera varje enskild genre: det väsentliga med att jämföra exempelvis bildkonst med television eller reklam ligger i att förstå de olika sätt som mening produceras hos varje medium.[20] En radikalare förståelse av detta sammanhang kan man finna hos Nicolas Mirzoeff när han definierar vad han menar med Visuella kulturstudier:

> The constituent parts of visual culture are, then, not defined by medium so much as by the interaction between viewer and viewed, which may be termed the visual event. When I am engage with visual apparatuses, media and technology, I experience a visual event.[21]

Här kan man se ett exempel på en företrädare för en ny vetenskaplig disciplin som försöker definiera och legitimera den, delvis i kontrast mot en äldre och (får man anta) mer traditionell. Det finns dock ingenting i hans definition som inte också skulle kunna omfattas av ett konstvetenskapligt studium. Alla former av visuell kultur framstår idag som möjliga och viktiga att studera inom konstvetenskap. Att jämföra dessa bildgenrer innebär dock av nödvändighet ett tvärvetenskapligt förhållningssätt vars syfte inte är att spåra likheter som kan förklaras av en viss anda eller stil, utan att förstå de sammanhang – de specifika kontexter och situationer – där de förekommer. Både *Arnolfiniporträttet* och *Herr Gårman* var ju som vi sett producerade för specifika kommunikativa situationer. Men som vi också har sett kan dessa situationer ändra sig över tid.

Betydelseförskjutning och kontextualisering

En viktig aspekt när det gäller att säkerställa ett objekts äkthet utgörs av dess dokumenterade historia, eller *proveniens*. Förmodligen var *Arnolfiniporträttet* en beställning av en eller båda av de avbildade som blev färdig 1434. Vi vet ju inte om det var en bröllopsbild, en minnesbild eller bara ett porträtt av två förmögna personer, men betydelsen måste rimligen både ha varit av estetisk, representativ och privat karaktär: en målning utförd av en av tidens främsta, mest uppskattade och bäst betalda konstnärer, som manifesterar både rikedom och social ställning och som kanske även är en bild som påminner om en saknad maka.

Någon gång före 1516 förvärvade den spanska hovmannen Don Diego de Guevara målningen.[22] Den övergick därefter till den habsburgska regenten Margareta av Österrike och sedan till det spanska hovet. Här har en betydelseförskjutning ägt rum. Don Diego kände möjligen medlemmar i släkten Arnolfini, men för de habsburgska och spanska hoven måste målningen ha föreställt två fullständiga främlingar. Det kan förvisso ha funnits en muntlig tradition som beskriver ett ursprungligt motiv, men ingen dokumentation av någonting sådant finns bevarad. Målningens betydelse vid hoven är helt säkert av estetisk karaktär, men även social och ekonomisk: den ingår som en av många målningar och skulpturer i en konstsamling, som manifesterar inte bara rikedom utan även bildning och smak. 1816 dyker *Arnolfiniporträttet* plötsligt upp i London, i den brittiske överste James Hays ägo. Förmodligen var det ett krigsrov då engelska soldater plundrade den vagn med konstverk från kungliga den spanska samlingen som den franska kungen Joseph Bonaparte i sin tur stulit från spanjorerna. Den köptes 1842 av det nyligen öppnade National Gallery i London för £600. Där har målningen sedan dess visats för allmänheten som en av höjdpunkterna i museets magnifika samling.

Som vi kan se har de förflyttningar målningen genomgått också ändrat dess betydelser. Den har förmodligen alltid uppskattats som ett estetiskt objekt, men har också haft skiftande privata, representativa och ekonomiska innebörder och funktioner. Men vad händer när den visas på ett museum?

I den moderna eran har konstvärldens institutionella struktur genomgått en radikal förändring, där konsten fått en ny offentlig funktion. Tidigare var bildkonst något som var en angelägenhet för en bildad ekonomisk elit. Allmänheten mötte bildkonst framför allt i kyrkor och hos ett fåtal offentliga skulpturer. Men framväxten av offentliga konstmuseer från och med 1700-talets slut innebar inte enbart en helt ny arena för mötet med konst för folkflertalet, utan även nya pedagogiska problem vad gäller förmedlingen av konstens betydelse och värde. Samtidigt med framväxten av konstmuseer och platser för utställningar av samtidskonst kan man iaktta framväxten av konstkritik, konstpedagogik och konstvetenskap. Stora mängder bilder och föremål hämtades på olika sätt från privata samlingar och från främmande kulturer. Handel med konstföremål blev under 1800-talet en mycket lönsam bransch. Den tydliga och mycket konkreta situation som äldre bildkonst ofta var tillkommen i, har här förändrats.

Först av allt kan man se att *Arnolfiniporträttet* i sin nya kontext är inskriven i historien: målningen befinner sig i ett rum där den är omgiven av andra verk från ungefär samma tid och plats. Det är ett rum som i sin tur är länkat till mängder av andra rum på museet, vilka tillsammans ger en bild av konstens historia. I sin ursprungliga kontext var det ett singulärt objekt, ett mästerverk skapat av en av tidens främsta och mest uppburna konstnärer. Idag tolkar och förstår vi bilden i ett övergripande sammanhang med olika typer av relationer: mellan porträttet och andra bilder i van Eycks oeuvre, mellan porträttet och andra flamländska och nordeuropeiska verk från samma tid, mellan porträttet och alla andra bilder som länkar i en övergripande konsthistorisk utveckling, mellan porträttet och alla utsagor och tolkningar som gjorts om det genom historien. Bilden är således inbäddad i komplexa lager av historiska sammanhang, utsagor och relationer.

Som betraktare möter vi alltså verket på ett museum i London eller som reproduktion i en bok eller i en lektionssal. Det som en gång förmodligen var ett ganska intimt privat sammanhang har idag blivit till ett spektakulärt och i högsta grad offentligt möte.

Rummet är fullständigt neutralt med grå väggar, parkettgolv och ett med ett diskret ljus ovanifrån. En liten skylt med en text vid sidan vägleder betraktaren till hur man kan förstå bilden. Av den förmögna nederländska hemmiljö som bilden en gång producerades för, finns inte längre ett spår.

Att vi alls har tillgång till bilden beror på en aspekt av det demokratiska samhällets framväxt: vem som helst kan utan att betala en penny gå uppför trapporna till National Gallery och betrakta tusentals målningar som tidigare bara var en förmögen elit förunnad att se. Vi kan göra allt som står i vår makt för att försöka rekonstruera verkens ursprungliga historiska situationer, men vi måste också vara medvetna om att betydelseförskjutningarna innebär att nya möjliga betydelser ständigt tillkommer och att vår förståelse av ett verk som *Arnolfiniporträttet* skiljer sig från de ursprungliga betraktarnas. En tolkning av ett verk är alltid en dynamisk process mellan ett där-och-då och ett här-och-nu. Jag som tolkande subjekt befinner mig inte på någon neutral plats utanför studieobjektet och dess kommunikativa situation, jag är i högsta grad delaktig i att upprätta ramarna för denna situation och vilka aspekter av t.ex. en bild som ska belysas. Även om *Arnolfiniporträttets* ursprungliga betydelse förmodligen för alltid gått förlorad, så kan den betyda andra saker för oss idag.

Kontexten är alltså alltid intimt förbundet med själva tolkningsakten. Den får sin funktion i en vilja att förstå ett tecken av något slag: ett ord, en idé, en bild eller någon annan företeelse utifrån ett visst sammanhang. Tolkningen är alltid ett *aktivt* handlande, inte något passivt mottagande av mening eller information. Det är uttolkaren som väljer ut, skapar, påvisar eller på annat vis synliggör en kontext. Litteraturvetaren Anders Palm har betonat hur kontexter används för att aktivera tolkningar:

Kontexterna gör verket relationellt och tolkningen relativiserande. Det är med kontexter vi kan relativisera och nyansera verkets betydelse i förhållande till varje annan tolkning. I princip kan konst alltid skrivas in i nya kontextuella sammanhang.[23]

Kontexten är alltså ett meningsskapande sammanhang som berikar förståelsen av det som studeras (en text, en bild, ett föremål, en händelse etc.). Man skulle, för att travestera litteraturteoretikern Stanley Fish, kunna hävda att en bild kan aldrig någonsin *inte* finnas i en kontext: finns det inget sammanhang finns inte heller något att tolka eller förstå.[24]

Det finns dock vissa som har kritiserat själva begreppet "kontext" för att de skapar en falsk motsättning mellan text och kontext. Litteraturteoretikern Jonathan Culler menar t.ex. att en kontext aldrig är given utan alltid bestämd av uttolkarens strategiska val. Och även om vi är medvetna om det så faller vi lätt in i föreställningen om ett enkelt förhållande mellan text och kontext, där kontexten antas bestämma textens betydelse.[25] Culler menar att detta är en förenklad bild eftersom kontexten i sig kan förstås som en text som man också måste tolka för att förstå. Hur ska man förstå detta? Om vi återvänder till det inledande exemplet så framkom det där att vägmärket fick en bestämd juridisk betydelse i den kontext som kallades trafiksituationen. Men trafiksituationen var ju något som i sig måste tolkas. Att man alls började använda vägmärket hade sina historiska förklaringar och studerar man lagtexten kan man också se att den förändrats över tid. Bilden och lagen är i själva verket båda delar i en pågående samhällsdebatt om biltrafik och trafiksäkerhet i vårt samhälle. Men vägmärket har också skiftat utseende något och den skiljer sig från motsvarande märken i andra länder. Här skiftas fokus i tolkningen mot vägmärket som bild och industridesign. Istället för att bara förstå kontexten som en statisk och på förhand given fond mot vilken textens betydelse fixeras, föreslår Culler att man istället ska använda begreppet "inramning" (*framing*).[26] Härigenom betonas själva tolkningsaktens aktivitet: att det är uttolkaren som skapar det sammanhang där någonting (ett tecken) synliggörs och får betydelse.

Detta synsätt lyfts fram även av konstvetarna Norman Bryson och Mieke Bal i den betydelsefulla artikeln "Semiotics and Art History: A Discussion of Context and Senders" (1991). De framhåller ett tydligt semiotiskt perspektiv som utgår från en kritik av strukturalismens tilltro till statiska meningsbärande språkliga system, där kontexten innebar en statisk struktur som reglerade tecknets betydelse, till en poststrukturalistisk förståelse av kontexten som flytande och omöjlig att fixera.[27]

Oavsett hur många omkringliggande faktorer som räknas in i en tolkning kan dessa alltid i princip utökas med ytterligare faktorer. Och relationen mellan var och en av dessa faktorer och studieobjektet är aldrig helt stabil. Detta kan ju framstå som en förlamande teoretisk slutsats som tycks omöjliggöra varje form av tolkning. Men vad Bal och Bryson är ute efter är inte att tillintetgöra möjligheten eller viljan att tolka, utan att påvisa både det aktiva och tillfälliga draget i varje tolkning: den kontext jag nu frambringar i min tolkning kan när som helst ersättas med en annan, som förändrar tolkningens resultat. Ingen tolkning kan därmed sägas vara fullständig eller slutgiltig. Här kommer frågan om uttolkarens roll i tolkningen i fokus. Vilken roll spelar uttolkaren? Hur förhåller sig uttolkaren (subjektet) till det som uttolkas (objektet)? Går det att tala om objektiv och universell kunskap inom humaniora och samhällsvetenskap? Det här är grundläggande frågor för all kunskaps- och tolkningsteori. Svaren är inte givna, utan har skiftat över tid och är beroende på vilken tradition svaret uttalas från. Uppenbarligen formulerade forskare som Culler, Bryson och Bal sina tankar på 1980-talet utifrån en polemik mot mer traditionalistisk forskning, där vissa perspektiv, tolkningar och värderingar tagits för givna och framhållits som universella. De knyter här an till ett förhållningssätt som ligger nära framför allt den franska poststrukturalismen från 1960- och 70-talet, som såg humanioras uppgift inte bara (eller främst) som att föra vidare en tradition av tolkningar av vissa utvalda, kanoniserade "mästerverk", utan även och framför allt att analysera de sammanhang där betydelser och värden frambringas.

Därmed inte sagt att alla tolkningar är lika möjliga, rimliga och värdefulla. Den skepticism som framhölls inom den poststrukturalistiska rörelsen hade sin grund i en maktanalys där udden riktades mot hur etablerade aktörer och institutioner på ett auktoritärt sätt förmedlade synsätt och värderingar som uteslängde olika grupper, medier och genrer. Ett tydligt exempel på detta är etableringen av en feministisk och genusteoretisk medvetenhet inom konstvetenskap, som inte bara inneburit att glömda konstnärskap "återupptäckts" utan även att själva de vetenskapliga och ideologiska premisserna för ämnets traditionella exkluderingar analyserats och angripits.[28] Här kan man se att begreppet kontext inte bara innebär en inramning av det objekt man vill tolka, utan även en förståelse av den egna positionen vid en tolkning.

Ett exempel på en inflytelserik analys av detta förhållande kan man finna hos den feministiska vetenskapsteoretikern Donna Haraway i "Situated Knowledges" (1988). Hon menar vetenskapens rationella kunskap aldrig kan vara objektiv i en absolut och universell mening utan alltid är tillkommen i en bestämd situation (situerad) och beroende av den individ och de omständigheter som frambringat den:

> I am arguing for politics and epistemologies of location, positioning, and situating, where partiality and not universality is the condition of being heard to make rational knowledge claims. These are claims on people's lives. I am arguing for the view from a body, always a complex, contradictory, structuring, and structured body, versus the view from above, from nowhere, from simplicity.[29]

Detta handlar inte alls om att förneka existensen och behovet av rationell vetenskaplig kunskap, tvärt om är Haraway ute efter att skärpa förståelsen av de betingelser där den produceras.

Jag som uttolkare aktiverar sålunda vissa teoretiska perspektiv och frågeställningar, erfarenheter och intressen, perspektiv som i sin tur synliggör olika typer av källor och empiriskt material. Detta innebär dock vare sig någon vidöppen relativism eller faktaresistens: om valet av frågeställningar och perspektiv hela tiden förskjuts, om jag som uttolkare konstituerar de kontexter som styr tolkningen, är det desto viktigare att vara mycket noga med valet av material, med källkritik samt med en öppen, kritisk och reflekterande argumentation. Att kontextualisera handlar sålunda både om att tolka något och att förstå premisserna för den egna tolkningen. Det kan innebära att fastställa den historiska situation där ett tecken kommit i bruk och de omständigheter som ger tecknet dess innebörd(er). Men också att förstå hur den historiska situationen förhåller sig till den nutida – och hur betydelsen förskjuts då sammanhanget förändras. Tecken existerar alltså aldrig oberoende av en kontext. Kontexten – ett historisk "där och då" eller ett samtida "här och nu" – innebär en i vetenskapliga sammanhang social och intellektuell överenskommelse som styr tecknets möjliga betydelser och reglerar dess godtagna läsarter. Men "det möjliga" och "det godtagna" är alltid öppna för omförhandling; varje ny generation kommer med nya erfarenheter en ny uppsättning frågor som uppdagar nya kontexter och förändrar och berikar vår förståelse för historiska och samtida händelser, föremål, bilder, byggnader och sammanhang.

Disposition

I Elisa Rossholms "Det dolda och det synliga: mötet vid statyn" tolkas ett antal skämtbilder från 1870-talet i relation till koder, attityder och förhållningssätt i dåtidens samhälle. Det finns i dessa exempel en växelverkan mellan bild och samhälle som är outtalad och för en nutida betraktare svår

Inledning

att upptäcka och förstå. Då författaren hävdar att "kontexten finns i bilden" refererar hon till de parkrum, barer, kläder och kroppar som pekas ut i de bilder hon analyserar. Den inre kontexten handlar även om de konventioner som utvecklats inom skämtbilden som genre och dess specifika relation mellan text och bild, där enskilda bilder relaterar till outtalade sammanhang.

Catharina Nolin presenterar i "Kungsträdgården – från kunglig kålgård till kommersialiserat stadsrum" denna parkanläggning i ett historiskt perspektiv, där dess olika funktioner och sammanhang analyseras utifrån tre perspektiv: som offentligt rum för sociala interaktioner och relationer, som epicentrum för politiska strider om stadsbyggande och som tummelplats för kommersiella krafter. Den teoretiska utgångspunkten tas i Henri Lefebvres begrepp om produktionen av plats och rum.

I Jacob Kimvalls "Målning, bild och kulturarv: graffitimålningen *Fascinate* som visuell ekologi" analyseras de mediala cirkulationsmönster och referenser som är specifika för graffitins subkulturella kontexter och deras historia. Det konstateras att merparten av de graffitimålningar som blivit kanoniserade inte främst är kända som målningar i rent materiell mening utan som fotografiska bilder av målningar. Dessa fotografier har spritts i böcker, tidningar och filmer och under de senaste decennierna genom internet. På så sätt hamnar bilderna i nya och föränderliga kontexter som påverkar meningsproduktionen. För att analysera detta sammanhang används begreppet visuell ekologi.

Anna Ingemark diskuterar i "Att kontextualisera arkitektur; Bauhausskolans gestaltade miljö" närmare på hur kontexten påverkar tolkningen, men tydliggör även hur man kan utföra en arkitekturanalys, med utgångspunkt i Bauhausskolans arkitektur i Dessau från år 1925. Hon konstaterar att det är nästintill omöjligt att beskriva arkitektur utan att samtidigt ägna sig åt någon form av kontextualisering. En byggnads betydelse framträder inte sällan i sin kontext – vilken kan bestå av såväl stadsbilden som en historisk epok eller en arkitekturteoretisk ram. Man kan prata om en platsbunden kontext respektive en diskursiv kontext, där den förstnämnda utgår från den fysiska miljön och den sistnämnda snarare kan kopplas till tankar och ideal. Tolkningen varierar och tyngdpunkten i en studie förskjuts, beroende på vilken eller vilka kontexter vi väljer att placera in objekten i.

Hans Hayden analyserar i "Situationens logik: bild, plats och funktion" Leonardo da Vincis *Nattvarden* från 1495-98 utifrån dess ursprungliga funktion i klosteranläggningen St. Maria delle Grazie i Milano. Analysen tar sin utgångspunkt i fyra aspekter: uppdraget, platsen, motivet och utförandet. Här konstateras att bilden har en tydlig koppling till rummet, ett refektorium, både vad gäller dess uppbyggnad och betydelse. Även om Leonardos målning ansluter till en tydlig bildkonvention, gör den också vissa tydliga avsteg från denna. Detta tolkas som en tydlig strävan från konstnären att skapa ett än tätare samband mellan bildens innehåll och dess funktion i munkarnas dagliga liv, än vad tidigare nattvardsskildringar lyckats göra.

Sara Callahan diskuterar i "Referenshantering: Lager, ekon och reflektioner i Lina Selanders *Model of Continuation*" hur ett verk blir betydelsebärande genom att kontextualiseras utifrån tre olika infallsvinklar: i relationen mellan text och bild; i sammansättningen av olika bilder och filmfragment genom montage eller det specifika verket i relation till konstnärens hela oeuvre; samt slutligen det som sker när verket sätts i relation till vidare konst- filmoch fototeoretiska diskussioner eller historiska och sociopolitiska förhållanden. Detta videoverk är ett typexempel på en samtida konstnärlig praktik som bearbetar och re-kontextauliserar existerande bilder och filmfragment, i det här fallet varvat med konstnärens nyfilmade material. Även om texten inte uppehåller sig vid rumsligheter i bemärkelsen utställningsrum, resonerar den ingående en rad rumsligheter som genomsyrar verkets egen tematik; t.ex. kameran som ett ljust (eller mörkt) rum, historiska museers utställningspraktiker, samt utpekandet av olika rumsligheter, representationer och medierande skärmar.

Noter

1. Se "Kontext", *Svenska akademiens ordbok*, band 14, Lindstedts universitetsbokhandel, Lund 1937, Spalt K 2248.

2. Alessandro Duranti & Charles Goodwin (ed.), *Rethinking Context. Language as an Interactive Phenomenon*, Cambridge University Press, Cambridge 1992, s. 3.

3. https://www.riksdagen.se/sv/dokument-lagar/ dokument/svensk-forfattningssamling/trafikforord ning-19981276_sfs-1998-1276 (2017-04-12)

4. http://www.mittitrafiken.se/upload/bnrimg/docu ment/36454-Barometer-100year.pdf (2017-04-12)

5. https://www.transportstyrelsen.se/sv/vagtrafik/statistik-och-strada/Vag/Olycksstatistik/ (2017-04-12)

6. Se Johann Joachim Winckelmann, *The History of the Art of Antiquity*, (transl. Harry Francis Mallgrave), Getty Publications, Los Angeles 2006 (1764). För en omfattande analys av Winckelmanns konstvetenskapliga gärning, se Alex Potts, *Flesh and the Ideal. Winckelmann and the Origins of Art History*, Yale University Press, New Haven 2000.

7. Jacob Burckhardt, *The Civilization of the Renaissance in Italy*, (transl. S. G. C. Middlemore, with an introduction by Peter Burke), Penguin Classics, London 1990 (1860). En ingående analys av Burckhardt som historiker och politisk tänkare finns i Richard Sigurdson, *Jacob Burckhardt's Social and Political Thought*, University of Toronto Press, Toronto 2004.

8. Heinrich Wölfflin, *Konsthistoriska grundbegrepp. Stilutvecklingsproblem i nyare tidens konst*, (övers. Bengt G. Söderberg, med förord av Ragnar Josephson), Scandinavian University Books, Stockholm 1957 (1915).

9. T. J. Clark, *The Painting of Modern Life. Paris in the Art of Manet and His Followers*, Thames and Hudson, London 1990 (1985), s. 79-146.

10. Griselda Pollock, *Vision and Difference. Femininity, Feminism and the Histories of Art*, Routledge, London & New York, 1988, s. 50-90. Se särskilt s. 54 för en analys av *Olympia*.

11. Erwin Panofsky, "Jan van Eyck's Arnolfini Portrait" *The Burlington Magazine for Connoisseurs*, vol. 64, No. 372 (Mars 1934), s. 117-119 och 122-127.

12. Svetlana Alpers, *The Art of Describing. Dutch Art in the Seventeenth Century*, Penguin, London 1989 (1983), s. 179.

13. Lorne Campbell, *The Fifteenth Century Netherlandish Schools*, National Gallery Catalouges, London 1998, s. 193.

14. Margaret L. Koster, "The Arnolfini Double Portrait: A Simple Solution", *Apollo*, Vol. 157, no. 499 (September 2003), s. 3-14.

15. Ernst H. Gombrich, *In Search of Cultural History*, The Philip Maurice Deneke Lecture 1967, Clarendon Press, Oxford 1974 (1969), s. 10.

16. Friedrich Hegel, *Lectures on the Philosophy of History*, (transl. J. Sibee), George Bell & Sons, London 1902 (1861/1840), s. 66 f.

17. Keith Moxey, "Art History's Hegelian Unconscious: Naturalism as Nationalism in the Study of Early Netherlandish Painting", *The Practice of Persuasion. Paradox and Power in Art History*, Ithaca & London 2001, s. 40. Moxey räknar upp en rad prominenta företrädare för den marxistiska traditionen som t.ex. Frederick Antal, Max Raphael, Arnold Hauser och T.J. Clark. Jag skulle dock vilja hävda att just Clark är en av de främsta företrädarna för en förnyad marxistisk konstvetenskap och humaniora, som sedan 1960-talets slut problematiserat och förfinat de analytiska begreppen genom en kritik av tidigare marxistiska traditioner. Här vore det i högsta grad felaktigt att tala om en sekulariserad hegelianism.

18. Karl Popper, *The Poverty of Historicism*, London 2002 (1957), s. 138.

19. Michael Baxandall, *Patterns of Intention. On the Historical Explanation of Pictures*, New Haven & London 1985, s. 14 f.

20. Keith Moxey, "Nostalgia for the Real. The Troubled Relation of Art History to Visual Studies", *The Practice of Persuation. Paradox and Power in Art History*, Cornell University Press, Ithaca and London 2001, s. 106.

21. Nicholas Mirzoff, *An Introduction to Visual Culture*, Routledge, London and New York 1999, s. 13.

22. Målningens hela proveniens finns beskriven i Lorne Campbell, *The Fifteenth Century Netherlandish Paintings*, Yale University Press, New Haven 1998, s. 175 ff.

23. Anders Palm, "Kontext", i Hans-Olof Bodström (red.), *Tolv begrepp inom de estetiska vetenskaperna*, Carlsson, Stockholm 2000, s. 266.

24. Stanley Fish, *Is There a Text in This Class? The Authority of Interpretive Communities*, Harvard University Press, Cambridge (Mass.) 1980, s. 284.

25. Jonathan Culler, *Framing the Sign. Criticism and its Institutions*, Oxford University Press, Oxford 1988, s. ix.

26. Culler, s. ix

27. Mieke Bal & Norman Bryson, "Semiotics and Art History", *The Art Bulletin*, vol 73, No. 2, 1991s. 175.

28. Den genusteoretiska konstvetenskapens historiografi är idag oerhört omfattande. Ett uppdaterat och problematiserande förhållningssätt till genusteorins relation till konstvetenskap och museipraktiker, se Malin Hedlin Hayden & Jessica Sjöholm Skrubbe (red.), *Feminisms is Still Our Name. Seven Essays on Historiography and Curatorial Practices*, Cambridge Scholars Publishing, Cambridge 2010.

29. Donna Haraway, "Situated Knowledges: The Science Question in Feminism and the Privilege of Partial Perspective", *Feminist Studies*, Vol. 14, No. 3. (Autumn,1988), s. 589.

Referenser

Elektroniska referenser

http://www.mittitrafiken.se/upload/bnrimg/document/36454-Barometer-100year.pdf (2017-04-12)

https://www.riksdagen.se/sv/dokument-lagar/dokument/svensk-forfattningssamling/trafikforordning-19981276_sfs-1998-1276 (2017-04-12) https://www.transportstyrelsen.se/sv/vagtrafik/statistik-och-strada/Vag/Olycksstatistik/ (2017-04-12)

Tryckta referenser

Alpers, Svetlana, *The Art of Describing. Dutch Art in the Seventeenth Century*, Penguin, London 1989 (1983)

Bal, Mieke & Bryson, Norman, "Semiotics and Art History", *The Art Bulletin*, vol 73, No. 2, 1991

Baxandall, Michael, *Patterns of Intention. On the Historical Explanation of Pictures*, New Haven & London 1985

Burckhardt, Jacob, *The Civilization of the Renaissance in Italy*, (transl. S. G. C. Middlemore, with an introduction by Peter Burke), Penguin Classics, London 1990 (1860).

Campbell, Lorne *The Fifteenth Century Netherlandish Paintings*, Yale University Press, New Haven 1998

Campbell, Lorne, *The Fifteenth Century Netherlandish Schools*, National Gallery Catalouges, London 1998

Clark, T. J., *The Painting of Modern Life. Paris in the Art of Manet and His Followers*, Thames and Hudson, London 1990 (1985)

Culler, Jonathan, *Framing the Sign. Criticism and its Institutions*, Oxford University Press, Oxford 1988

Duranti, Alessandro & Goodwin, Charles (ed.), *Rethinking Context. Language as an Interactive Phenomenon*, Cambridge University Press, Cambridge 1992

Fish, Stanley, *Is There a Text in This Class? The Authority of Interpretive Communities*, Harvard University Press, Cambridge (Mass.) 1980

Gombrich, Ernst H., *In Search of Cultural History*, The Philip Maurice Deneke Lecture 1967, Clarendon Press, Oxford 1974 (1969)

Haraway, Donna, "Situated Knowledges: The Science Question in Feminism and the Privilege of Partial Perspective", *Feminist Studies*, Vol. 14, No. 3. (Autumn, 1988)

Hedlin Hayden, Malin & Sjöholm Skrubbe, Jessica (red.), *Feminisms is Still Our Name. Seven Essays on Historiography and Curatorial Practices*, Cambridge Scholars Publishing, Cambridge 2010

Hegel, Friedrich, *Lectures on the Philosophy of History*, (transl. J. Sibee), George Bell & Sons, London 1902 (1861/1840)

Koster, Margaret L., "The Arnolfini Double Portrait: A Simple Solution", *Apollo*, Vol. 157, no. 499 (September 2003)

Mirzoff, Nicholas, *An Introduction to Visual Culture*, Routledge, London and New York 1999

Moxey, Keith, *The Practice of Persuasion. Paradox and Power in Art History*, Ithaca & London 2001

Palm, Anders, "Kontext", i Hans-Olof Bodström (red.), *Tolv begrepp inom de estetiska vetenskaperna*, Carlsson, Stockholm 2000

Panofsky, Erwin, "Jan van Eyck's Arnolfini Portrait" *The Burlington Magazine for Connoisseurs*, vol. 64, No. 372 (Mars 1934)

Pollock, Griselda, *Vision and Difference. Femininity, Feminism and the Histories of Art*, Routledge, London & New York, 1988

Popper, Karl, *The Poverty of Historicism*, London 2002 (1957)

Potts, Alex, *Flesh and the Ideal. Winckelmann and the Origins of Art History*, Yale University Press, New Haven 2000.

Sigurdson, Richard, *Jacob Burckhardt's Social and Political Thought*, University of Toronto Press, Toronto 2004

Svenska akademiens ordbok, "Kontext", band 14, Lindstedts universitetsbokhandel, Lund 1937, Spalt K 2248.

Winckelmann, Johann Joachim, *The History of the Art of Antiquity*, (transl. Harry Francis Mallgrave), Getty Publications, Los Angeles 2006 (1764)

Wölfflin, Heinrich, *Konsthistoriska grundbegrepp. Stilutvecklingsproblem i nyare tidens konst*, (övers. Bengt G. Söderberg, med förord av Ragnar Josephson), Scandinavian University Books, Stockholm 1957 (1915)

Det dolda och det synliga: mötet vid statyn

Elisa Rossholm

Två män står bakom Karl XIII:s staty i Kungsträdgården i Stockholm. De samtalar. Mannen till höger är klädd i uniform och mannen till vänster bär bonjour, kostymbyxor och hög hatt. Ordväxlingen utgörs av en liten ordvits som knappast ens i sin egen tid kan ha ansetts som särskilt rolig. Teckningen saknar det överdrivna, komiska uttryck som senare satir kunde uppvisa, när stora tecknarstjärnor såsom Oskar Andersson och Albert Engström äntrat skämtbildsscenen. Under 1870-talet var konstnären ofta lika anonym som uttrycket. *Två Herkuler vid skiljovägen*, publicerades 1877 i den stockholmsbaserade skämttidningen *Kasper*. Bilden är med sitt milda uttryck typisk för sin tid, med en stil som kännetecknas av upprepningar i bildkomposition och motiv samt av harmlösa bilduttryck där upprepningens betydelse är mer avgörande än kraften i den enskilda bilden.[1]

Denna stil, som jag valt att kalla för *tråkighetens estetik*,[2] är ett mynt med olika sidor – den ena är öppen och ofarlig, medan den andra, dolda, är betydligt mer vågad, och redo att avtäckas för den som tillåter sig att *se*. De två sidorna av det öppna och det dolda finns tillgängliga för betraktaren idag,

---

Hur du refererar till det här kapitlet:
Rossholm, E. 2019. Det dolda och det synliga: mötet vid statyn. I Hayden, H. (ed.) *Kontextualisering. Teoretiska tillämpningar i konstvetenskap: 2*. Pp. 39–56. Stockholm: Stockholm University Press. DOI: https://doi.org/10.16993/baw.b. License: CC-BY 4.0

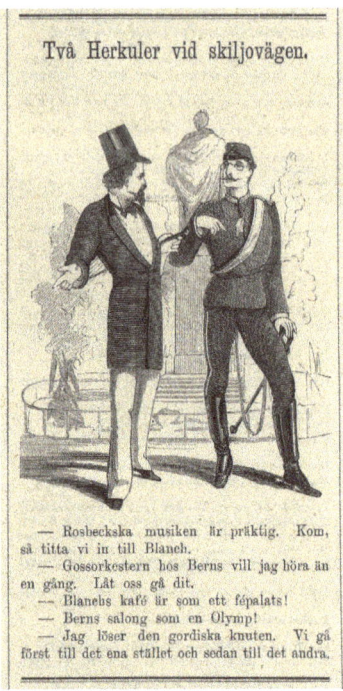

Bild 1. "Två Herkuler vid skiljevägen". Ur skämttidningen Kasper nr 38, 1877, utan signatur,[3] reproduktion: Kungliga biblioteket. Licens: fri domän

men även med all sannolikhet för 1800-talets läsare. Bildens ledtrådar till sin tid öppnar för en kulturs kontext skildrad genom en typ av medium som ofta passerar förbi outforskad. Genom en kontextuell växelverkan mellan tid och verk framträder bildens potential och det ofta osagda i dess tid. Bilden berättar om kulturen, och kulturen berättar om bilden. Det handlar därmed om att söka och tolka tecken i bilden. Mellan bildens tecken och dess kulturella kontext – det omkringliggande samhället och den genre bilden ingick i – löper betydelsebärande linjer som avtecknas genom tolkning av hur bildens platser, karaktärernas kläder, kroppar, och repliker gestaltas.

Skämtpressen – en röst i offentligheten

Skämttidningarna riktade sig främst till den borgerliga mannen, även om läsargruppen också utgjordes av kvinnor och av samhällsgrupper utanför borgerligheten. Förutom genom prenumerationer till hela hushåll spreds tidningarna ute i stadens offentliga rum – i rakstugor, i väntrum hos läkare, på kaféer, restauranger, i läsesalar och genom gatornas lösnummerförsäljning. Bilderna var därmed lättillgängliga både genom tidningarnas fysiska plats i staden och genom det estetiska uttryckets till synes enkla budskap. Genom sin spridning i det offentliga rummet och genom läsarnas direkta inverkan på innehållet kom skämtpressen att utgöra en relevant opinionsröst i den offentliga debatten. Läsarnas medskapande roll visar sig genom brevlådespalter, insändarmaterial och genom läsarnas förslag till anekdoter och roliga historier för tecknarna att utgå ifrån. Hur stor del av tidningarnas material som styrdes av läsarna vet vi inte. Historikern och skämtpresskännaren Lars M. Andersson framhåller att material byggt på insändare inte skiljer sig från resten av tidningarnas innehåll. Det innebär att publiken behärskade samma visuella koder som redaktörer och medarbetare. Bilderna är därmed ett uttryck för att konsumenter och producenter hade gemensamma föreställningar.[4]

Man kan alltså anta att de tecken som finns gömda i *Två Herkuler vid skiljovägen* skulle vara möjliga att avkoda, i varje fall för det slags läsare som lärt sig "språket". *Tråkighetens estetik* blir på så vis en metod för att gömma det spektakulära i det vardagliga. Under de till synes obemärkta, upprepande och milda bilderna med relativt vaga budskap och uddlösa komiska poänger, göms berättelser om rivalitet, manlighetens gränser, sexualitet, prostitution, och begär till kvinnliga såväl som till manliga kroppar. Genom tolkning av betydelsefulla ledtrådar i platser, rubriker, upprepningar från andra skämtbilder eller syftningar till andra medier synliggörs betydelser som ligger under den synligt uppenbara smålustigheten.

Lika betydelsefulla kontexter som samhället utanför bilden, är de sammanhang som skapas mellan skämtbilderna, det vill säga de tecken och betydelser som etableras inom skämtbildens värld, liksom de relationer som konstrueras mellan de tecknade karaktärerna. Genom en närstudie av militären som typfigur bland skämtbildskaraktärerna kring decennierna före sekelskiftet spåras ledtrådar till *Två Herkuler vid skiljovägen*.

Den nära kontexten – andra skämtbilder

En jämförelse mellan skämtbilder av militärer under 1800-talets slut visar en kontinuitet i bilden av en fåfäng, könsöverskridande karaktär. Militären skildras som kvinnoförförare och som en rival till den civila borgerliga mannen. Kvinnorna trollbinds av den vackra mannen i uniform. Men samtidgt är militären besläktad med skämtbildens kvinnor genom sin fåfänga och genom sin brist på manlig tankeverksamhet. Det könsöverskridande befästes således genom en kontinuerlig upprepning av likhetstecken mellan militär och kvinna. Skämtbildernas militärer befinner sig i ett ambivalent läge mellan kvinnan och den borgerliga mannen, och militären är i flera bilder utbytbar mot kvinnan. De delar samma erfarenhet, och militären kan därför inte, till skillnad från den borgerliga mannen, luras av kvinnans dubbelmoral (eftersom han spelar samma spel som hon). Snarare är det kvinnan som förförs av militären. Kanske är det så att även driften med militären är en nidbild av kvinnan, men en förklädd sådan? Eller omvänt: en feminiserad mansfigur är en sänkt och avväpnad man. Den omanliga mannen används som en förstärkning av den normerade manligheten.[5] Både skämtbildens kvinnor – de borgerliga och de prostituerade – och militärer omformar sina kroppar med klädernas hjälp och genom kropparnas hållning. Kvinnan "klär ut sig" till kvinna (tecknet kvinna: kurvig, små fötter, ståtligt hår) och militären "klär ut sig" till man (tecknet man: rak, stark, lång). Militären är både ytterligt manlig i sin alltid uppsträcka, starka kropp på vilken kvinnornas blickar faller, och ytterligt feminin i sin fåfänga och med sin snäva intressesfär. Hans kläder ställer honom vid sidan av andra män och fungerar som en dragningskraft på både kvinnor och män.

I *Två Herkuler vid skiljovägen* finns ytterligare ett betydelsebärande attribut. Militärens pincené återfinns hos en annan av skämtbildernas karaktärer, benämnd som "Sprätten" eller "Snobben". Utanför skämtpressen är sprätten, snobben eller dandyn i efterhand som mest synlig i idéer om manlighet, och i synnerhet i diskussioner om manlighet i kris. Den ökade oron för en förveckling av den svenska mannen var i sin förlängning en oro för en försvagning av hela nationen. Skulden lades på den alltför sinnliga, feminiserade mannen. Idén om sprätten (i och utanför skämtbilden) konstruerades av det som sågs som manlighetens motsatsfigurer: kvinna och utlänning. En kritik av manlighet i sprättens gestalt var samtidigt en förstärkning av vad som definierades som en riktig man och kunde användas som ett medel för att lyfta fram borgerliga manlighetsideal. Sprättens slappa karaktär förde fram dygder som flit, arbetsamhet och ordentlighet.[6] Humorobjektet Sprätten, iförd pincené eller monokel, återfinns i ett antal andra skämtbilder från samma tid. Han är ett utpekat humorobjekt, och alltså inte likställd med tidningens tänkta mottagare.

Omanligheten eller feminiseringen av gamla manlighetsideal som visualiseras i bilderna av militären och sprätten kan beskrivas som en hegemonisk manlighetsstrategi. Kulturell hegemoni innebär att en dominerad klass accepterar sin plats eftersom den fostras in i samma värderingar som den dominerande har och uppfattar dessa som riktiga.[7] Sociologen och mansforskaren Raewyn Connell skriver att hegemonisk maskulinitet är en historiskt föränderlig relation. Om förutsättningarna förändras för den härskande maskuliniteten, undermineras dennes position och den rådande maskuliniteten kan inte längre hävda sin dominans. Nya ideal uppstår och en ny hegemoni skapas. Den hegemoni som fungerar är en avspegling av hela samhällets struktur, i vilket olika manliga grupper innehar skilda hierarkiska positioner. Manlighet som en kulturell och social konstruktion producerar också omanlighet. Connell påpekar att i vår tid (1995) är den tydligaste underordnade maskuliniteten den homosexuella, men även andra grupper förtrycks genom samma strategi. Det är femininitet som markerar utestängningen och gruppens underordnade position.[8]

De feminina männen konstitueras som avvikelser och fungerar därmed som bekräftande av

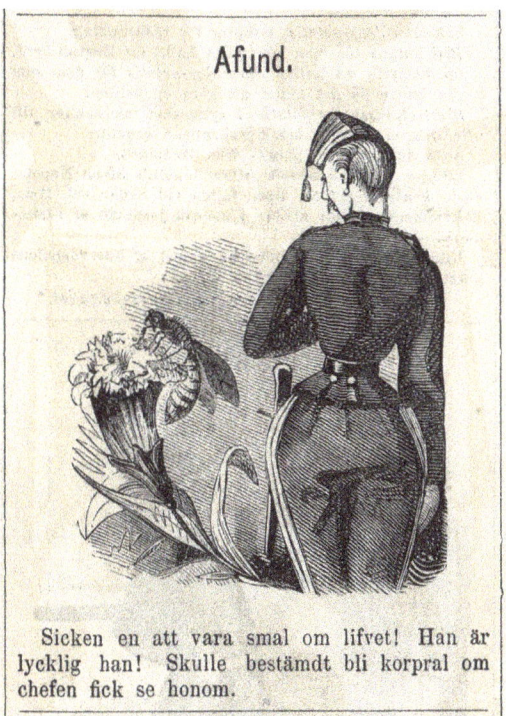

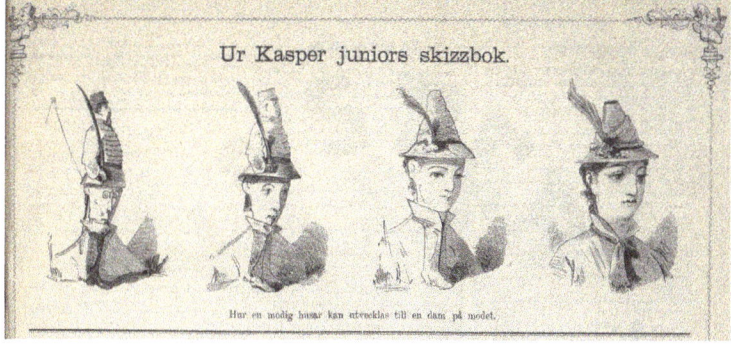

Bild 2-3. Exempel på likhetstecken mellan militär och kvinna ur Kasper 1871 respektive 1877. Sprättens feminisering visas i Ur Kasper juniors skizzbok. Från en uppklädd ung man till en fjäril genom att en sprätt förvandlas till fjäril (symbol för prostituerad kvinna). "Afund" (2): Kasper nr 27, 1871, utan signatur, reproduktion: Kungliga biblioteket. Licens: fri domän. "Ur Kaspers skizzbok" (3): Kasper nr 31, 1877, utan signatur, reproduktion: Kungliga biblioteket. Licens: fri domän

skämtbildernas manlighetsideal, det ideal som tidningens mottagare – den borgerliga mannen – skulle känna igen sig i.

Placeras bilden av militären i sin tid kan hans mellanläge eller dubbla natur härledas till verkliga förhållanden, där en utbredd manlig soldatprostitution var en tydlig del av Stockholms gatuliv. De officiella siffrorna från tiden är minimala i jämförelse med den statistik som fördes över andra sedlighetsbrott, men de uppgifter som finns ger ändå en uppfattning om de prostituerade och om deras kunder. Trots att det inte på långa vägar var lika öppet diskuterat, så går det att utläsa av polisens anteckningar, av förhörs- och rättegångsprotokoll, samt i senare skrivna återblickar, att den manliga prostitutionen var ett uppenbart inslag i stockholmsbilden.[9]

Mellan december 1883 och mars 1884 genomfördes den mest omfattande polisiära undersökningen av homosexuella manliga möten i Stockholm. Det huvudsakliga syftet var inte att anhålla sexköparna, utan att kartlägga den utbredda soldatprostitutionen som drog ner soldatkårens rykte. Kunderna, av poliserna kallade "hjälpsökarna", beskrivs i protokollen som "bättre manspersoner" eller "bättre klädda". Kundgruppen skiljde sig troligen inte direkt från de män som besökte kvinnliga prostituerade, men eftersom polisens uppgift snarare var att störa verksamheten än att väcka åtal, lades det inte speciell vikt vid vilka köparna var. Framför allt verkar köpare från den högre samhällsklassen inte bara ha sluppit åtal utan även ha undkommit att namnges. Det gör det svårt att utläsa en generell bild av kundgruppen. De prostituerade, i rapporten kallade "hjälparna", var däremot noggrant protokollförda

Det dolda och det synliga: mötet vid statyn 47

med namn, grad och regemente.[10] Samma uppdelning visar bilderna i skämtpressen. Det är över lag militären, och inte hans potentiella kund, som skildras som könsöverskridande.

Specifika platser

I *Två Herkuler vid skiljovägen* förekommer tre platser: Kungsträdgården, Blanchs café (då beläget i Kungsträdgården) samt Berns salonger (belägen intill Kungsträdgården i Berzelii park).[11] Kungsträdgården som känns igen på statyn av Karl XIII, är den plats som avbildas i teckningen. De två andra platserna finns i replikerna: "Kom så titta vi in till Blanch" samt "Gossorkestern hos Berns vill jag höra än en gång. Låt oss gå dit." Samtliga platser är av vikt för tolkningen.

I skämtteckningar mellan 1870-1890 visas parkerna oftare än andra platser, främst är det Kungsträdgården, Berzelii Park och Humlegården som avbildas och inte mer allmänna rum såsom gator, hem, och restauranger. Utformningen av offentliga parker var en del av arbetet med att förbättra invånarnas hälsa och välbefinnande. Kungsträdgården är, tillsammans med Humlegården, Stockholms äldsta bevarade park.[12] Vid 1700-talets mitt öppnades både Kungsträdgården och Humlegården för borgerligheten och under 1800-talets andra hälft blev de tillgängliga för alla. Konstvetaren Catharina Nolin framhåller två orsaker till att de offentliga parkerna var viktiga rum för borgerligheten. Parklivet var ett sätt att efterlikna aristokratin. Adelns liv på landsbygdens herrgårdar inkluderade en umgängeskultur i herrgårdarnas parker. En ännu viktigare orsak var behovet av en arena på vilken borgerligheten kunde visas upp samt upprätthålla eller knyta nya kontakter.[13] De båda parkerna blev dock inte bara platser för borgerlighetens promenader utan även för prostitution och för andra sexuella möten. År 1883 ställde prostitutionsavdelningen vid Stockholmspolisen upp en förteckning över de platser som var förbjudna att beträda för stadens prostituerade: Förteckningen inleds med: "Kungsträdgården med hela dess utsträckning, Strömparterren, Jacobskyrkogata, räknad från Jacobstorg fram till Drottninggatan."[14] Även Berzelii Park, som var en av Stockholms första parker anlagd med kommunala medel, blev en park med två ansikten – borgerlighetens nöjesliv och de prostituerades område. De prostituerade kvinnorna är synliga i en mängd andra texter från tiden: polisrapporter, reglementeringen över "offentliga" kvinnor, artiklar, krönikor, läkarutlåtanden, romaner och även i hög grad i skämtbilderna. Kungsträdgården är en återkommande scen för skämtbilder som handlar om framför allt kvinnlig förförelse och omoral, liksom om män som råkar missta en borgerlig kvinna för en prostituerad. Platsen är alltså konnoterad med prostitutionsfrågan både genom andra skämtbilder och genom allmän kännedom för stockholmaren. Detsamma gäller bildens andra två platsmarkeringar.[15] Mindre omnämnt i källor från 1800-talet, är som nämnts, parkerna som platser för homosexuella möten mellan män. Både Kungsträdgården och Berzelii Park var platser för manliga sexuella möten. Det handlar både om möten utan betalning och om manlig prostitution, och då främst soldatprostitutionen.[16]

I det polisiära spaningsarbetet av homosexuella manliga möten 1883/84 patrullerade varje kväll två civilklädda poliser vid de mest kända mötesplatserna: Nybrokajen, Berzelii Park utanför Berns salonger samt Kungsträdgården just vid Karl XIII staty.[17] Statyn, Blanchs café och Berns salong var således samtliga platser för sexuella möten mellan män.

Kropp och Kläder

Av soldaterna antecknade i rapporten 1883/84 var de flesta hästgardister från K1, gardister från Svea Livgarde och andragardister från Göta Livgarde.[18] Mannen till höger i skämtbilden bär en uniform för beridna militärer. Byxorna ser ut att vara av modell "långbyxor m/1872", vars kännetecken är den mörkblå färgen och en två, tre millimeter bred passpoal (inte revär som är något bredare). Svea Livgarde hade en gul passpoal, Göta Livgarde en röd. Uniformen är mer åtsittande och avslöjande än de verkliga uniformerna. Den manliga, resta kroppens konturer framträder genom de åtsittande plaggen. Till skillnad från skämtbildskvinnornas omformade kroppar syns här den verkliga kroppen genom kläderna. Han döljer ingenting. Konstvetaren Patrik Steorn skriver i fördjupningstexten för Hallwylska museets utställning *Under ytan… om det onämnbara*, om soldatprostitutionen vid sekelskiftet 1900. Steorn påpekar att soldatuniformen kunde fungera som en signal för att bäraren var till salu.[19]

De två rollkaraktärerna militär och kvinna är likställda med varandra och samtidigt placerade på var sin sida som varandras motsatser som man och kvinna. Bilden av den borgerliga mannen hamnar utanför denna förening av dikotomier och ambivalenser. De borgerliga männen iklär sig inte sina kroppar. De är. Militären och kvinnan däremot klär på sig kroppen. Kläderna omformar, maskerar och avslöjar. Kläderna har främst tre funktioner för skämtbildens komiska poäng och budskap: (1) kroppens förvandling eller omformning, (2) driften med modets absurditet, (3) kläder som en förlängning av personen. Funktionerna har alla med varandra att göra och förekommer ofta i samma bild. Som en röd tråd löper frågan om vad som finns under kläderna. Existerar det något äkta under konstruktionen? En natur under kulturen? Tidningens mottagare – den borgerliga mannen – står utanför relationen karaktär–kvinna och karaktär–militär. Liksom i fallen med nidbilderna av kvinnor handlar det om ett hot som måste avväpnas. Militären är på två sätt ett hot mot manligheten: han hotar att ta den borgerliga mannens kvinna och han hotar att förföra även mannen – det andra hotet allvarligare än det första.

Repliker

Rubriken syftar på den svenska diktaren Georg Stiernhielms diktepos *Hercules* från 1658. Dikten handlar om den mytologiska hjältefiguren från den grekiska antiken, Herakles, som i sin ungdom ställs inför ett val om vilken livsväg han ska följa. På ena sidan står fru Lusta och på den andra fru Dygd. I Stiernhielms dikt är Herkules en symbol för dygden.

Följer replikerna bildrummets ordning så inleder den civilklädda mannen replikskiftet: "Rosbeckska musiken är präktig. Kom, så titta vi in till Blanch."

Gustaf Rosbeck var Svea livgardes musikdirektör och det är dennes manskör repliken åsyftar. Tidningen *Kalmar* skrev i juli 1874 om "det manliga överflödet" av musik på Stockholms nöjesplatser: "Nog går det an för dem, som nöja sig med musik ty derpå hafva vi som manligt överflöd: i Blanch cafe musicerar dagligen k. Svea lifgardes musikkår under anförande af sin renomerade direcktör G. Rosbeck."[20] Svea Livgarde känns igen på mannens uniform och i repliken om den rosbeckska musiken. Svea Livgardes hästgardister, hos vilka soldatprostitutionen var som mest förekommande, åsyftas därmed både genom mannens uniform och genom repliken. De två passningarna till Svea Livgardes hästgardister förstås tillsammans med övriga ledtrådar i text och bild som en syftning på sexuella möten mellan män. Militären fortsätter dialogen: "Gossorkestern hos Berns vill jag höra än en gång. Låt oss gå dit." Orden "än en gång" följt av "Låt oss gå dit" gör repliken till ett uttryck för begär. De två alternativen – de präktiga militärerna i livgardet eller gosskören, män eller pojkar – är två typer av manlighet, eller valet mellan det manliga och det kvinnliga. Valet både förstärks och förvirras av replikernas fortsättning: valet mellan en olymp och ett fépalats ("-Blanchs kafe är som ett fépalats. –Berns salong som en olymp"). Här är det dock den civilklädda som talar om féer och militären som nämner en olymp, och således gosskören som är olympen och manskören ett fépalats. De växlar om mellan det kvinnliga och det manliga inom dialogen. Militären ber om att få sin önskan uppfylld, men det är den civilklädda mannen som styr: "Jag löser den gordiska knuten. Vi gå först till det ena stället och sedan till det andra."²¹ Lösningen att välja både det maskulina och det feminina passar väl in med skämtbildernas könsöverskridande militärer.

Avslutning – tillbaka till bilden

Allting utgår från bilden, det är bilden uttolkaren måste tillåta sig att kliva in i. Alla trådar till samhället, till andra bilder, eller till andra medier måste bekräftas i det som finns i bildrutan. Det handlar också om att få en känsla för hur bilden är byggd, dess positioner, blickar, linjer, föremål och så vidare. Betraktarblicken styrs mot bildens huvudpersoner, medan omgivningen markerar parken. Den civilklädda mannen pekar med höger hand mot vad som antas vara vägen mot Blanchs café, medan den uniformerade mannens vänstra pekfinger riktas nedåt mot den egna underkroppen. Den civilklädda mannens promenadkäpp, placerad bakom ryggen, följer samma diagonala linje som hans hand och som den uniformerade mannens ordensband, liksom dennes ridpiska. Den civilklädda mannens promenadkäpp förbinder männens kroppar och pekar diagonalt upp mot militären. Både promenadkäppens och sabelns riktning och form kan dessutom läsas som männens erektion.

Männens kroppar är ledigt och graciöst hållna. De ser mot varandra. Deras mörka kläder framträder skarpt framför den diffusa bakgrunden. Statyn bakom dem markerar mötesplatsen, men kan också förstås som ett skydd i vilket mötet kan äga rum. Statyn har ryggen mot scenen och manteln döljer de två männen. Statyn blir på så vis någon som, likt läsaren, ser och förstår innebörden av mötet. Också denna figur återkommer i flertalet bilder, i form av en staty, en diffus manskropp, ett porträtt eller andra suddigt tecknade betraktarfigurer.

Kontexten finns alltså i bilden, och därigenom även i den läsakt som uppstod mellan bilden och 1800-talets läsare. Även läsakten har att göra med konstruktionen av bilden. Läsaren var invigd i de tecken och koder som var unika för skämtbilden, liksom i de förhållanden, persontyper, och konflikter som var närvarande i hans egen verklighet. Han är därmed invigd i bildens lek med käppar, linjer, blickar, relationer, manligheter. Det betyder att han själv också på sätt och vis finns i bilden, som en del av kontexten. Den civila mannen i skämtbilden är diskretare och inte så utmanande som militären, samtidigt som han är tydlig genom repliker och kroppsställning. Han blir genom sin diskreta, men igenkännbara roll, en jag-plats för läsaren. Liksom männen i bilden möts i skydd av statyn, kunde läsaren gömma sig bakom *tråkighetens estetik*. Ogenerat kunde han avnjuta bilden (och känna igen sig) eftersom det vågade är hemligt inbäddat i harmlösa ytligheter som erbjuder både skydd och tillåtelse.

Noter

1. *Två Herkuler vid skiljovägen* är även utredd i Elisa Rossholm, *I väntan på hufvudpersonen: identitet och identifikation i svensk skämtbild 1870-1900* (diss. Stockholms univ.), 2016, s. 137-140.

2. Rossholm 2016, s. 81-82, 197.

3. Teckningen är troligen gjord av Victor Andén som vid nyåret 1877 tog över som förste tecknare för *Kasper*, se Rossholm 2016, s. 59.

4. Lars M. Andersson, *En jude är en jude är en jude...
Representationer av "juden" i svensk skämtpress
omkring 1900-1930* (diss. Lunds univ.), Lund 2000
s. 78, 81.

5. Mary Anne Doane, "Filmen och maskeraden. Att bygga en teori om den kvinnliga åskådaren": *Feminstiska konstteorier* (red: Sara Arrhenius), Stockholm 2001, s. 136. (ursprungligen i *Screen* 23, nr 3-4, 1982)

6. Jonas Liliequist, "Från niding till sprätt": *Manligt och omanligt i ett historiskt perspektiv*, (red: Anne Marie Berggren) Stockholm 1999, s. 82-83, 89.

7. Antonio Gramsci, (redaktör och översättare: Quintin Hoare), *Selections from the Prison Notebooks (1926-1935)*, New York 1997.

8. Raewyn Connell, *Masculinities*, Berkeley 1995, s. 77-79.

9. Nils Santessons dagböcker omnämnda i Greger Eman, "Den homosexuella infrastrukturen i Stockholm 1880–1920. Café Frisk Luft": *Sympatiens hemlighetsfulla makt. Stockholms homosexuella 1860-1960* (red: Göran Söderström) Stockholm 1999, s. 105.

10. Eman 1999, s 104-110.

11. Blanchs café var ett berömt nöjesetablissemang beläget i en numera riven byggnad på Hamngatan vid Kungsträdgården. Byggandet uppfördes 1866 efter ritningar av Albert Törnqvist. 1868 öppnade operakällarens tidigare chef Theodor Blanch i byggnadens bottenvåning. Blanchs café. Caféet kom att bli en central mötesplats för Stockholms societet. Berns salonger uppfördes 1862–1863 av konditorn Heinrich Robert Berns och invigdes 1 augusti 1863. Från början var Berns ett schweizeri, en slags blandning av bar och konditori, men blev snart en modern restaurang med bordsservering. August Strindbergs *Röda rummet* och *Götiska rummet* är uppkallade efter salonger på Berns (röda rummet var en samlingsplats för Stockholms ungkarlar på 1870-talet): "Man sökte ett samtalsrum, ett

samlingsrum, där man var viss på att man när som helst kunde leta upp en bekant; och som musiken icke utgjorde något hinder för samtals förande, tvärtom, så tolererades den och ingick så småningom i stockholmarens aftondiet bredvid punschen och tobaken. Så blev Berns Salong hela Stockholms ungkarlsklubb" (Strindberg, *Röda rummet*, 1879).

12. Kungsträdgården anlades redan på 1400-talet som kålgård till hovet. Under stormaktstiden anlades Humlegården, och Kungsträdgården omvandlades till en lustgård för hovet.

13. Catharina Nolin, *Till stadsbornas nytta och förlustande. Den offentliga parken i Sverige under 1800-talet* (diss. Stockholms univ.), 1999, s. 50.

14. Stockholmskällan: (Kommissarie Lindgren, "Förteckning öfver de inom Hufvudstaden belägna allmänna platser som äro för prostituerade qvinnor förbjudna", 1883-05-15, http://www.stockholmskallan.se

15. Claës Lundin, *Nya Stockholm*, Stockholm 1890, s. 46, 49.

16. Eman 1999, s. 104.

17. Eman 1999, s. 104.

18. Eman 1999, s. 109.

19. Patrik Steorn, "Degenerationens hotbild": *Under ytan... Om det onämnbara vid sekelskiftet 1900*, http://hallwylskamuseet.se

20. *Kalmar* 1874-07-25.

21. En gordisk knut är en till synes svår uppgift som löses på ett drastiskt och enkelt vis. Enligt den grekiska mytologin fanns det i staden Gordios tempel en knut på en oxkärra som var omöjlig och lösa upp. Den som kunde lösa knuten skulle bli herre över Asien. Alexander den store försökte, men misslyckades, och högg då i vredesmod sitt svärd i knuten, som på så sätt löstes.

Referenser

Litteratur

Andersson, Lars M., En jude är en jude är en jude-: representationer av "juden" i svensk skämtpress omkring 1900-1930, Diss. Lund : Univ.,Lund, 2000

Berggren, Anne Marie (red.), Manligt och omanligt i ett historiskt perspektiv, Forskningsrådsnämnden (FRN), Stockholm, 1999

Connell, Raewyn, Masculinities, University of California Press, Berkeley, 1995

Gramsci, Antonio, Selections from the prison notebooks of Antonio Gramsci, International publ., New York, 1997

Lundin, Claës, Nya Stockholm: Dess yttre och inre förhållanden; dess olika folkklasser, typer och personligheter; dess kyrkor och bönesalar, vetenskapsmän och konstnärer ... under 1880-talet. Med talrika illustrationer, Stockholm, 1887-1890

Nolin, Catharina, Till stadsbornas nytta och förlustande: den offentliga parken i Sverige under 1800-talet, Byggförl., Diss. Stockholm: Univ., Stockholm, 1999

Rossholm, Elisa, I väntan på hufvudpersonen: identitet och identifikation i svensk skämtbild 1870-1900, Makadam, Diss. Stockholm: Univ., Stockholm, 2016

Silverstolpe, Fredrik & Söderström, Göran (red.), Sympatiens hemlighetsfulla makt: Stockholms homosexuella 1860-1960, Stockholmia, Stockholm, 1999

Internet

Stockholmskällan: https://stockholmskallan.stockholm.se

Hallwylska museets hemsida: http://hallwylskamuseet.se

Kungliga bibliotekets digitaliserade dagstidningar: http://magasin.kb.se

Kungsträdgården: från kunglig kålgård till kommersialiserat stadsrum

Catharina Nolin

Kungsträdgården – en historisk miljö i centrala Stockholm med stark identitet i samtiden. En långsmal öppen plats inramad av lindalléer. Två kungastatyer – Karl XII och Karl XIII – och Molins fontän är sedan länge en del av parkens kontext. Längs den ena långsidan ligger bankpalatsen på rad, på den andra Operan med Café Opera, Operakällaren och Operabaren och andra populära restauranger. Därtill kaféer, glasskiosker och konsertscen. En plats som ofta varit i händelsernas centrum: kunglig umgängesplats, arena för politiska manifestationer och ungdomskravaller, kärna i debatter om stadens offentliga miljöer, ja ibland även själva föremålet för manifestationerna. Parken ändrar ständigt skepnad, över årstiderna såväl som över dygnets timmar, det är en del av attraktionskraften. Även besökarna ändrar karaktär över dygnet och årstiderna: några passerar bara igenom, kanske på väg till eller från arbetsplatser i närheten; andra stannar längre, för att se och synas i stadens mest offentliga park. Nattklubbsgästerna kommer med mörkrets inbrott – och stannar kanske till det ljusnar. På våren får de

---

Hur du refererar till det här kapitlet:
Nolin, C. 2019. Kungsträdgården: från kunglig kålgård till kommersialiserat stadsrum. I Hayden, H. (ed.) *Kontextualisering. Teoretiska tillämpningar i konstvetenskap: 2.* Pp. 57–82. Stockholm: Stockholm University Press. DOI: https://doi.org/10.16993/baw.c. License: CC-BY 4.0

japanska körsbärsträden och Körsbärsblommans dag stora skaror att vallfärda hit. Under de ljusa sommarkvällarna lockar scenen med konserter, under vintermånaderna skridskobanan med musik. Evenemang som Smaka på Stockholm, Restaurangernas dag och julmarknaden har vart och ett sin speciella publik. En del händelser är regelbundet återkommande, som Första majdemonstrationer, andra skiftar med Sveriges framgångar i internationella idrottssammanhang: kollektiva hyllningar av idrottshjältar. Kort sagt: en statisk men samtidigt föränderlig plats med temporaliteten i blodomloppet, idag – sin kungliga bakgrund till trots – ofta presenterad som "stadens vardagsrum" eller "stadens viktigaste offentliga plats", som en folklig och vardaglig miljö.

Kungsträdgårdens historia i korta drag

Vägen till dagens offentliga parkmiljö har varit lång och växlingsrik.[1] Parkens utveckling innefattar såväl betydelse- som identitetsförskjutningar, transformationer av såväl rummet som sådant som användningen av det. Det började på 1400-talet med en köksträdgård, en kålgård som skulle förse den kungliga familjen och hovet i slottet med mat, alltså ett fundamentalt grundläggande behov för överlevnad.[2] Den var under lång tid en kunglig lustträdgård, en plats för nöjen och umgänge, och som sådan gestaltad av ledande trädgårdsmän som André Mollet och Johan Hårleman, tillgänglig endast för en begränsad krets – i princip hovet och adeln.[3] Besöken i Kungsträdgården reglerades från

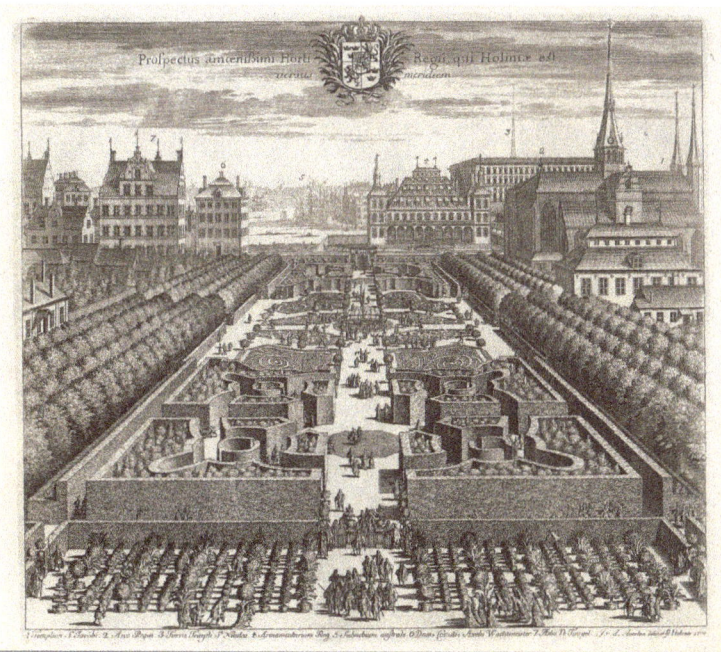

Bild 1. Kungsträdgården mot söder ur Suecia Antiqua et Hodierna, graverad av Johannes van den Aveelen år 1700 efter förlaga av Eric Dahlbergh. I förgrunden syns orangeriväxterna – citroner, apelsiner, myrten och så vidare – som sommartid ställdes ut utanför orangeriet. I trädgården kunde hovet och den kungliga familjen spatsera i ömsom öppna och slutna rum. Suecia Antiqua et Hodierna. Kopparstick. Foto: Kungliga biblioteket. Licens: fri domän

början av 1700-talet till 1800-talets mitt av särskilda förordningar av vilka framgick under vilka villkor denna kungliga lustträdgård kunde användas (Bild 1).[4]

Från omkring år 1800 började Kungsträdgården mer och mer utvecklas mot en festplats öppen för en bredare grupp av stockholmare, även om det dröjde till 1800-talets mitt innan den blev helt öppen utan några förbehåll. Som en av stadens populäraste mötesplatser kunde den bjuda på kaféer, musikunderhållning med fyrverkerier och offentliga konstverk. Under 1800-talet tillkom statyerna över Karl XIII och Karl XII samt Molins fontän, alla inslag som gjorde trädgården något mera urban, något mera internationell. Det mesta av blomsterprakten var då borta, ja under en tid hade trädgården också varit en helt öppen excercisplats, endast omgiven av de gamla lindalléerna.[5]

Kring sekelskiftet 1900 hade parken utvecklats till en förgård till bankpalatsen längs Kungsträdgårdsgatan som nu utgjorde stadens ekonomiska centrum. När Gamla Stan blev för trång för den expanderande huvudstaden var det hit landets ekonomiska elit förlade sin verksamhet. Endast en gata skiljde nu nöjeslivet från finanslivet. På 1950-talet hade denna centrala plats blivit obsolet, en tungt trafikerad miljö som pockade på uppmärksamhet och omvårdnad. 1950-talet blev också tävlingsförslagens och omdaningarnas tid, omdaningar som i stora drag stod sig fram till 1990-talet. Parkens norra del med den nedsänkta spegeldammen omgiven av japanska körsbärsträd, skulpturutsmyckning av konstnären Sivert Lindblom och nya paviljonger i den östra allén som centrala element tillkom i samband med att Stockholm utsågs till europeisk kulturhuvudstad 1998. Det som tonar fram är en utformning som återknyter till Kungsträdgårdens stormaktstida historia.[6]

Det levda rummet

Så vad är Kungsträdgården egentligen, utöver att vara en av stadens äldsta och mest centralt belägna öppna platser med kontinuerlig användning allt sedan 1400-talet som sedan länge är infogad i en offentlig kontext? Vad händer om vi börjar blottlägga Kungsträdgårdens olika historiska och samtida lager och betydelser? Vad konstituerar denna plats och hur kan den begreppsliggöras och åskådliggöras teoretiskt och praktiskt? I detta kapitel undersöks Kungsträdgården utifrån tre övergripande kontexter: som (offentlig) plats för sociala interaktioner och relationer, som epicentrum för politiska strider om stadsbyggande samt som tummelplats för kommersiella krafter. Det handlar alltså om en kontextualisering av en rumslighet, men också av dem som använder denna specifika rumslighet.

För att kunna förstå Kungsträdgården som fysisk – och offentlig – plats och som en representation för skiftande uttryck, känslor och händelser i historiska och samtida kontexter behöver vi en teoretisk grund att stå på. Vi behöver kunna tolka de betydelse- och identitetsförskjutningar som är en del av platsens historia. Den franske filosofen och sociologen Henri Lefebvre (1901–1991) ställer i *The Production of Space* (1974/1991) grundläggande frågor om hur vi skall förstå begreppet plats.

Henri Lefebvre skiljer ur tre kategorier eller praktiker av rum, samlade i det han kallar en spatial triad.[7] Dessa tre praktiker kan ställas upp på följande vis:

Rumsliga praktiker
Representationer av rum (eller föreställda rum/ mentala rum)
Rum av representationer (eller levda rum)

Denna triad, eller tredelning, kan lite enklare uttryckas som fysiska, mentala och sociala rum. Samtidigt är det viktigt att understryka att dessa tre moment inte utgör olika rumstyper; det rör sig om en analytisk uppdelning. Det sociala eller det verkliga rummet omfattar alla dessa tre praktiker. Rummet har enligt Lefebvre politiska dimensioner; det utgör den politiska kampens plats och medium, men det förkroppsligar också sociala relationer. Frågan är då vilka dessa relationer är, och hur och varför detta förkroppsligande görs?[8] Rumsliga praktiker handlar om vad den mänskliga kroppen gör; vad som sker när man uträttar vardagliga sysslor. Det handlar om varseblivning, vad människan uppfattar med sina sinnen, som avstånd, hastigheter och temperaturer liksom material och geometriska former. Lefebvre var också angelägen om att understryka det väsentliga i att inte förväxla verkligheten med tanken om verkligheten, man måste alltså skilja på verkligheten och föreställningar om verkligheten. Det är här representationer av rum – eller föreställda rum – kommer in i bilden. Det mentala rummet dominerar över det levda rummet och sålunda även över det sociala rummet.[9] Det handlar om hur rum produceras och representeras. Lefebvres tankegods omfattar också produktion och reproduktion av sociala relationer, och sociala relationer kan förstås som de möten, interaktioner och handlingar som tar plats i ett rum, i detta fall i en park.[10]

Vad händer då om vi applicerar Lefebvres modell på Kungsträdgården? Det skulle kunna uttryckas som att alla planer, idéer och tankar om hur parken skall kunna utvecklas, förbättras och förändras ingår i kategorin föreställda rum; det är en abstraktion, ofta en framåtblickande sådan. Hur rummet – eller i detta fall parken – fungerar i realiteten däremot, hur människor har använt sig av den och använder den idag ingår i rum av representationer eller levda rum. Det levda rummet representerar en förmedling mellan abstraktioner och den materiella verkligheten. Det är här de sociala interaktionerna visar sig, alltså de möten och händelser som har utspunnit sig i Kungsträdgården. Den transformation från kunglig lustträdgård till offentlig park som Kungsträdgården genomgick under 1800-talet är en del av den utveckling samhället genomgick med industrialismen. Den norska arkitekturhistorikern Christian Norberg-Schulz intar en mera emotionell hållning när det gäller att förstå en plats. I "Fenomenet plats" diskuterar han olika sätt att ur ett fenomenologiskt perspektiv tolka och använda platsbegreppet.[11] Platsens ande eller platsens själ – Genius loci – är ett teoretiskt begrepp som användes redan under romartiden. Enligt Norberg-Schulz är platser totaliteter av komplex natur och dessa kan därför inte beskrivas med hjälp av analytiska, "vetenskapliga" begrepp. Vad händer då om vi försöker tolka Kungsträdgården utifrån Norberg-Schulz' synsätt? Norberg-Schulz beskriver plats som en totalitet av konkreta ting med materiell substans, form, textur och färg. Rum däremot definierar han som geometri och som varseblivningsfält. Mänsklig identitet förutsätter platsens identitet, följaktligen bor människan när hon förmår att konkretisera världen i byggnader och ting.[12] Allt annat leder till alienation. Människan måste också kunna veta hur hon är på en plats. Platser betecknas enligt Norberg-Schulz med substantiv, som artefakter eller verkliga saker som existerar.[13] Vidare menar han att det byggda rummet definieras av golv, väggar och tak, medan ett landskaps gränser definieras som mark, horisont och himmel. Kungsträdgården kan tolkas så att den passar in i båda kontexter, vilket är unikt för just offentliga parker.

Kungsträdgården – en plats för sociala interaktioner och relationer

Kungsträdgården har under drygt ett halvt årtusende varit ramen kring sociala interaktioner och relationer. Många av dessa möten är idag djupt förborgade i historiens mörker, medan andra har lämnat efter sig skriftliga eller visuella spår som gör att vi kan studera och tolka dem. Kungsträdgården var länge omgiven av en mur – en gräns – som inneslöt den elit som hade rätt att besöka parken och samtidigt uteslöt dem som av olika skäl inte var välkomna. Tryckta förordningar delade in stockholmarna i ett vi och ett de; de som tillhörde den priviligierade grupp som hade rätt att vistas i trädgården och de – drängar och pigor, barn och så vidare – som måste stanna utanför. Som lustträdgård för hovet och adeln var den en nöjenas och förtroligheternas plats, en representativ miljö att se och synas i, men kanske också för att dölja sig i. Hur besökare har uppfattat parken eller sig själva i – eller utanför – parken har alltid hängt samman med individernas egna sociala, ekonomiska och samhälleliga kontexter. Som för så många andra offentliga platser finns det även för Kungsträdgården en grundläggande tanke om att den skall vara inkluderande och öppen för alla (Bild 2). Platsen har dock aldrig varit neutral, olika villkor har gällt för olika personer. Den har varit öppen och inkluderande för några, sluten och avvisande för andra, och vilka dessa inkluderade och exkluderade

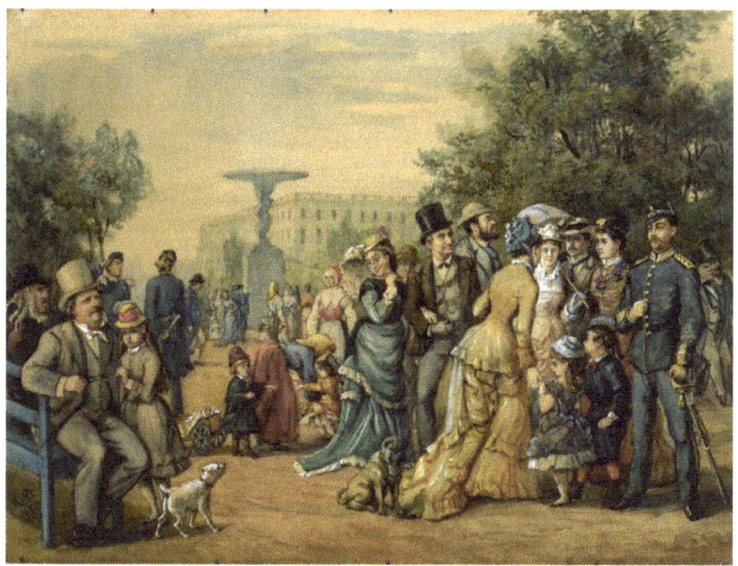

Bild 2. Fritz von Dardel: På promenad i Kungsträdgården 1878. Dardels akvarell visar en sammanställning av de "typer" som vid denna tid befolkade Kungsträdgården. Vi ser par och familjer i olika konstellationer och av skiftande social bakgrund, en dalkulla troligen på så kallat herrarbete i huvudstaden, militärer, hundar och så vidare. Flera personer är namngivna, såsom professor Anders Fryxell och skådespelarna och makarna Almlöf, Akvarell på papper. Foto: Stockholms stadsmuseum. Licens: CC BY

varit har skiftat inte bara över tid, utan också över dygnets timmar. Som Elisa Rossholm visar på annan plats i denna volym har parken under vissa omständigheter varit en tillåtande plats.

Om vi väljer att studera Kungsträdgården utifrån en kontext som inbegriper kön, representation och maktkoncentration så kan de kvinnor som historiskt använt parken också synliggöras. Hertiginnan Hedvig Elisabeth Charlotta (1759–1818) använde i slutet av 1700-talet och i början av 1800-talet parken för möten som av olika skäl inte kunde arrangeras inomhus, på Kungl. slottet till exempel, där hon var mera kontrollerad.[14] Det var sin svågers, kung Gustav III:s, blickar och öron hon ville undvika när hon gav sig ut på promenad. Ingen förväntade sig att hon som prinsessa skulle slå sig ned i gräset till exempel, det var inte värdigt hennes stånd, och därför kunde hon genom att göra just så inta en annan roll, och ingå i en annan social kontext. Den osynliga gränsen, i detta fall abstrakt snarare än konkret, blir som Lefebvre framhäver svårare att tolka eller förstå än den synliga. Det är uppenbart att ett staket eller en mur, likt den som en gång omgav Kungsträdgården, på en gång stänger ute och innesluter, att den skapar en gräns mellan dem som har medel att befinna sig innanför och dem som självklart skall stängas ute. Det är en gräns som upprätthålls på olika sätt under olika tider av dygnet, en social markör, lika väl som en klassmarkör som alla måste förhålla sig till, men som är svår att läsa av eftersom den är just abstrakt och i det offentliga rummet.[15] Kulturgeografen Linda McDowell understryker i *Gender, Identity and Place. Understanding Feminist Geographies* (1999) att offentliga platser paradoxalt också har utgjort rum för kvinnor att dra sig undan manlig dominans, att skapa sig ett rum i rummet, vilket stämmer in på Hedvig Elisabeth Charlottas sätt att använda platsen.[16]

Under 1980- och 1990-talen kom Kungsträdgården att ingå i ett par andra kontexter, kontexter med våldsamma förtecken. Den första, de så kallade Kungsan-kravallerna, utspelade sig under 1987. Ungdomar från stora delar av Stockholm samlades i Kungsträdgården (och Sergels torg) under de ljusa sommarnätterna. Många ungdomar var vilsna och utanför föräldrarnas räckvidd. Break dance, hip hop jams och graffiti tog här sina första uttryck. Det som började som ett sökande efter gemenskap, en väg att börja på nytt utanför föräldrahemmet, kulminerade i våldsamma ungdomskravaller som slogs tillbaka med massiva polisinsatser i augusti 1987. Som en visualisering av de händelser som utspelade sig i Kungsträdgården på 1980-talet kan vi se Staffan Hildebrands film Stockholmsnatt från 1987.[17] En annan kontext av helt annat slag men med samma våldsamma kraft utspelade sig under tidigt 1990-tal. Det handlade om en ökad politisering av hyllandet av Karl XII, där hans dödsdag uppmärksammades av högerorienterade krafter med rasistiska motiv.[18] Händelserna som sådana hade inget samband och kravallerna var på intet sätt de första i parkens historia, men de politiska förtecknen såg annorlunda ut. Samtidigt framträder här tydligt en dualism i rummets användning: under dagarna som vilken offentlig park som helst befolkad av en genomsnittlig allmänhet; nattetid en våldsam och skrämmande plats.

De politiska händelsernas plats

Lagom till Stockholms 700-årsjubileum 1953 genomfördes en tävling om Kungsträdgårdens omgestaltning. Tävlingen fick inget synbart resultat, utom möjligen uppgivenhet och besvikelse; inget tävlingsförslag ansågs möjligt att genomföra.[19] Men parken kom – kompletterad med Tehuset under almarna och restaurangen Sju sekel invid Hamngatan – ändå att stå i centrum för firandet. Trafiken runt Kungsträdgården framstod som ett problem redan på 1950-talet, dels i form av Arsenalsgatan som då delade parken i två hälfter, dels i form av den planerade Blasieholmsleden som om den kommit till utförande skulle ledas fram till parken, och den trafik som kom – och än idag kommer – från Strömbron.[20]

När arkitekten Torbjörn Olsson skrev om tävlingen 1952 såg han för sig hur Kungsträdgården skulle kunna bli "en brännpunkt för livet" på Nedre Norrmalm.[21] Parken användes då för möten och demonstrationer, men föga anade han hur det tjugo år senare skulle hetta till ordentligt. Norrmalmsregleringen och planerna för en tunnelbanestation med en butik i Kungsträdgården utvecklades i maj 1971 till den så kallade Almstriden, en ockupation under ledning av Alternativ stad som under några intensiva dagar fick en mycket varierad och stor skara människor att strömma till parken för att protestera mot dessa planer (Bild 3).[22]

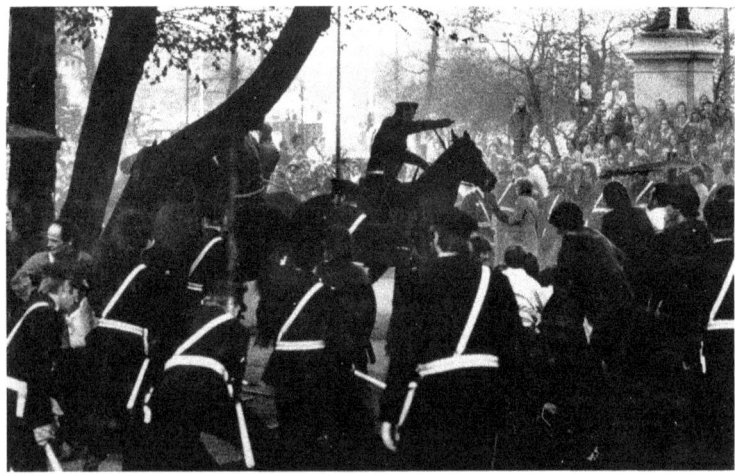

Bild 3. I stridens hetta. Ockupationen av almarna i Kungsträdgården nådde ett våldsamt klimax natten till den 12 maj 1971 när poliser med hjälp av hästar och hundar försökte bana väg för fällning av träden. Foto: Sven-Erik Sjögren, publicerad i DN i beskuret skick 13 maj 1971. Copyright: TT. Licens: CC BY-NC-ND

Almstriden presenteras ofta som den politiska handling de var, men frikopplad från den fysiska kontext som almarna är en så tydlig del av: en av Stockholms äldsta parkmiljöer. Tehuset och de tretton omgivande almarna i Kungsträdgårdens södra del kom att stå som symbol för dessa planer. Det nattöppna Tehuset var en populär mötesplats för Stockholmsungdomar. Beslutet var fattat, män med motorsågar var på plats, de hann till och med börja såga innan staden ändrade beslutet. Det utvecklades till en polisbrutalitet av sällan skådat slag i Sverige med poliser utrustade med batonger och hundar och med poliser till häst som red rakt in i folkmassorna. Aktivisterna anklagades för civil olydnad. Men faktum är att Almstriden ändrade hela inställningen till Stockholms innerstad, och rivningsvågen mer eller mindre avstannade. Enligt Henri Lefebvre måste handlingar och skeenden med kraft att påverka avsätta spår i rummet. I detta specifika fall kan det uttolkas som att kontexten – det vill säga i detta fall Kungsträdgården – är nödvändig för att kunna framföra budskapet. Det hade alltså inte gjort någon nytta att protestera mot planerna på en tunnelbaneuppgång någon annanstans än i föremålet för förändringen, det vill säga Kungsträdgården. Genom aktivt deltagandet i aktiviteten – ockupationen – produceras rummet materiellt och socialt.[23]

Men ockupationen av almarna kan också ses som appropriation, ett slags återtagande av parken för att den skulle kunna användas i det dagliga livet. En utgångspunkt för Lefebvre var att han ansåg att den moderna staden hade utvecklats i negativ riktning; att vardagslivet och det urbana livet hade fragmentariserats och att det var dags för stadsborna att återta staden, att appropriera den, att göra den till sin egen, för att kunna leva i den och använda den så som stadsbor hade rätt att göra.[24] Denna samhällskritik ligger nära de tankar som bland annat nätverket Alternativ stad omhuldade omkring 1970. Medan Lefebvres teori om rummet och görandet passar väl in på själva ockupationen, så anslutet Christian Norberg-Schulz begrepp "fenomenet plats" in på identifikation med miljön. Norberg-Schulz förklarar det som att människan måste "bli sams" med miljön för att kunna tolka den och närma sig den; hon måste känna sig hemma i klimatet på den specifika platsen, om det så gäller snö och dimma eller gator och hus.[25] Men det finns också en annan kontext än det specifika rummet att relatera till här, och det är protester och aktivism mot stadsbyggnadsprojekt i andra delar av världen.

Det ligger närmast till hands att relatera till den amerikanska journalisten, författaren och stadsplaneringskritikern, Jane Jacobs, som var en av ledande personerna när det gällde protester mot rivningar i New York. Jacobs lyckades med sin kritik mot den rådande stadsbyggnadsideologin och sitt engagemang att påverka utvecklingen i New York och rädda den äldre bebyggelsen bland annat i Greenwich Village. Hennes engagemang i stadsbyggnads- och bevarandefrågor var inte på något vis okänt i Stockholm, hennes tankar såväl som hennes bok *The Death and Life of Great American Cities* som kom 1961 hade presenterats av Eva von Zweigbergk i *Dagens Nyheter* strax efter utgivningen.[26] Det är dock värt att påpeka att Jacobs i sin arkitekturkritik var inriktad på hela städer eller stadsdelar, inte på enskilda platser.

Almstriden beskrivs idag ofta i idylliska ordalag, som ett exempel på att allmänhetens breda påtryckningar ledde till ett ändrat beslut. Christian Norberg-Schulz' formulering att mänsklig identitet förutsätter platsens identitet, och att människan följaktligen bor när hon förmår att konkretisera världen i byggnader och ting kan i överförd bemärkelse tolkas som att om Kungsträdgården hade fått en tunnelbaneuppgång mitt i parken och man hade gjort stora förändringar av miljön, då hade stockholmsborna inte längre förmått att konkretisera staden i parken, i Kungsträdgården. Det hade lett till alienering. Istället blev Kungsträdgården en del i kontexten kulturarv – även om man omkring 1970 inte använde just detta begrepp.

Kungsträdgården i en kommersiell kontext

När elektronikföretaget Apple 2015 plötsligt stod som ägare till restaurangbyggnaden i parkens norra del, den som vetter mot Hamngatan, och planerade att omvandla den till en storskalig butiksbyggnad togs kommersialismen till helt andra nivåer än tidigare.[27] Likt Fågel Fenix hade den livsmedelsbutik som omkring 1970 planerades i parken men som då ansågs otänkbar nu rest sig som Apples tilltänkta flaggskeppsbutik; dock inte på platsen för almarna, utan i parkens norra del där det sedan 1953 ligger en restaurang och där det dessförinnan under lång tid låg ett orangeri, senare omgjort till vauxhall – en danssalong – och därefter till arsenal och brunnssalong.[28] Orangeriet revs på 1840-talet och efter det presenterades mängder med byggnadsförslag, men platsen förblev tom fram till uppförandet av restaurangen Sju sekel 1953.

Nu blev det ingen Apple-butik i Kungsträdgården. Efter att ärendet drivits hårt av stadens ledande politiker blev situationen efter samråd och val i september 2018 ohållbar. Drygt 1 800 till största delen negativa samrådsyttranden hade lämnats in till Stockholms stad, en mycket stor siffra, som visar att Kungsträdgården är något som intresserar många medborgare. Många krafter mobiliserades; det talades om behovet av en ny Almstrid, en Almstrid 2.0.[29] Men det som före valet hade framstått som en ur politisk synvinkel helt avgjord fråga visade sig efter valet och med nytt kommunalt styre i Stockholm vara en så het potatis att ett av de första besluten för den nya politiska majoriteten blev att säga nej till Apple. Beslutet togs förmodligen inte enbart av kulturhistoriska skäl; Moderaterna hade förlorat många röster; inte bara på den planerade Applebutiken, utan också på planerna för det så kallade Nobel Center bara ett stenkast därifrån.[30]

Hur skall då den planerade Apple-butiken förstås i en kulturell och stadsbyggnadspolitisk kontext och i Kungsträdgårdens kontext? Vilken byggnad som helst på denna plats får en mycket framträdande placering. Man kan se det som att Apple genom att köpa byggnaden förvärvade ett annat kapital än det som användes för att finansiera köpet, men också en annan kontext, en kontext som har ett annat värde än reda pengar: en historisk och kulturell kontext, ett symboliskt och kulturellt kapital, liksom en visuell kontext där varuhuset NK, Operan och bankpalatsen skänker en traditionstyngd inramning. Ja, till och med Kungl. Slottet kan inkluderas i denna visuella kontext då det skymtar från parkens norra del, som en pendang till elektronikens palats. En så stor byggnad som Apples planerade butik skulle komma att framstå som en fondbyggnad till hela Kungsträdgården – som om de omgivande lindalléerna och dammen med de japanska körsbärsträden skulle leda de promenerande visuellt såväl som fysiskt fram till ett palats – ett kommersialismens palats. Spelar det någon roll om byggnader i en offentlig park är privat eller offentligt ägda? Spelar det någon roll om ett välkänt elektronikföretag får bygga en stor butik mitt i en offentlig park? Här kan det vara på sin plats att reflektera över vad som händer med offentliga platser när kommersiella aktörer blir alltmer framträdande. Har det någon betydelse för till exempel den historiska kontexten? Parken har genomgått så många förändringar att det kanske inte spelar någon roll? Den amerikanska sociologen Saskia Sassen har skarpsynt analyserat vad resultatet kan bli när stora multinationella privata företag förvärvar offentliga byggnader och platser i städers centrala lägen. Några gånger köps byggnader främst för att kunna rivas och ersättas med nya och högre hus, för att få ut mer av köpet i ekonomiska termer.[31] Detta kan i sin tur leda till att små platser och smala gator ersätts av större strukturer, vilket på sikt hotar den stadskaraktär som på sistone ofta varit i fokus i stadsplaneringen – och som var något som redan Jane Jacobs stred för. Resultatet blir en de-urbanisering.[32] Det som händer när en stor kommersiell aktör intervenerar i en offentlig plats är att gränsen mellan privat och offentligt suddas ut. Allt fler offentliga urbana platser kommersialiseras på så sätt att det blir svårt att vistas där utan att konsumera något och använda pengar. Det kan vara arrangemang som kräver entréavgift eller vakter som avgör vilka som får komma in. Vid specifika tillfällen fungerar delar av Kungsträdgården redan så.

Frågan är om en sådan plats då fortfarande kan betraktas som offentlig? Vad säger Henri Lefebvre respektive Christian Norberg-Schulz? Som vi tidigare varit inne på menade Norberg-Schulz att mänsklig identitet förutsätter platsens identitet.[33] Applicerat på Kungsträdgården skulle detta kunna innebära att om parken genomgår så många förändringar att vi inte längre känner igen oss i den, att den inte längre har någon själ, eller tydlig identitet, då har vi som människor inte heller längre något att hämta i Kungsträdgården. Parken blir alienerad. Till en början var de folkliga protesterna mot Apples butik en västanfläkt jämfört med dem som gällde tunnelbaneuppgången och livsmedelsbutiken för fyrtiofem år sedan. Däremot opponerade sig tunga namn i media samt arkitektur- och kulturarvskretsar kraftigt.[34] Det som hänt sedan 1970-talets början är att denna populära mötesplats och scen för social interaktion har pekats ut som ett betydande kulturarv. Kungsträdgården ingår idag i Riksintresset för kulturmiljövården som omfattar hela Stockholms innerstad. Samtidigt har det kommersiella trycket ökat på alla offentliga platser i Stockholm, men också den internationella närvaron i form av investmentbolag, byggbolag och enskilda företag.

Kungsträdgården – en prismatisk och polymorf plats?

Som vi nu har sett kan Kungsträdgården tolkas och förstås ur en mängd olika perspektiv, som den gamla köksträdgård den är, även om detta inte är synligt i dagens miljö, som en nöjesplats med traditioner, som elitens umgängesmiljö, som en ram för politiska manifestationer, men också som en folklig plats som har bildat ramen för en kontext på dagen och för en annan under natten. Det är en mångskiftande plats för sociala interaktioner och relationer. Den är stockholmarnas vardagsrum, men samtidigt showroom för kommersiella aktörer. Alla bär på sina egna bilder eller tolkningar av Kungsträdgården vilka i sin tur bottnar i de enskilda individernas bakgrund, intressen och tolkningsförmågor. Som tidigare framförts menar Christian Norberg-Schulz att det byggda rummet definieras av golv, väggar och tak, medan ett landskaps gränser definieras som mark, horisont och himmel. Är då Kungsträdgården ett rum eller ett landskap? Kanske är det ointressant att finna ett svar på den frågan. Parken kan betraktas som summan av alla sina skeden och karaktärer – den är historia, nutid och kulturarv på en och samma gång. Kungsträdgården är som en samling prismatiska och polymorfa bilder som existerar sida vid sida och som hela tiden förändras. Kanske är det just i denna föränderlighet som vi skall söka platsens själ? Kanske är föränderligheten den enda konstanten på platsen, den som gör att parken trots alla omdaningar och interventioner överlever?

Noter

1. Kungsträdgårdens centrala betydelse i Stockholms historia och i stockholmarnas medvetande märks i att den har genererat en stor mängd litterära och visuella avtryck – allt från akademiska studier av trädgårdens historia och politiska betydelse till vykort, karikatyrteckningar och fotografier. Inom ramen för detta kapitel ryms endast ett urval av de många publicerade titlarna. Den mest ingående skildringen

ur ett historiskt perspektiv är Nils G. Wollins bidrag "Kungsträdgården" i *Samfundet Sankt Eriks årsbok* 1923 och 1924.

2. Wollin 1923 och 1924.

3. Efter tillkomsten av Humlegården i början av 1600-talet flyttades nyttoodlingen dit och Kungsträdgården blev en renodlad lustträdgård.

4. Nya förordningar trycktes med jämna mellanrum, men innebörden var mer eller mindre konstant. Den äldsta bevarade förordningen, "Förordning för them som wilja spatsera i Kungl. Maj:ts Trägård vid Sankt Jacobi kyrka", trycktes 1763.

5. Octavia Carlén, *Carl XIII:s Torg*, 1866.

6. För tävlingen om Kungsträdgården, se Ulla Bodorff, "Kungsträdgårdstävlingen 1952", *Havekunst* 1952 och Torbjörn Olsson, "Tävlingen om Kungsträdgården", *Arkitektur* nr 11 1952. Om förändringarna på 1990-talet, se Kerstin Sköld, "Stockholms finrum", *Utblick Landskap* nr 2 1999, s. 42–49.

7. De svenska översättningarna av den engelska vokabulären är hämtade från Lina Olssons avhandling *Den självorganiserade staden. Approprieringen av offentliga rum i Rinkeby* (2008). Olsson översätter Spatial practice (social space) med rumsliga praktiker, Representations of space med Representationer av rum (eller föreställda rum/mentala rum) och Representational spaces med Rum av representationer (eller levda rum).

8. Henri Lefebvre, *The production of space* 1991, s. 27. *La production de l'espace* gavs ut på franska 1974, men fick stor spridning först med den engelska översättningen 1991.

9. Lefebvre s. 33, 38–39, passim.

10. Lefebvre s. 26.

11. Christian Norberg-Schulz, "Fenomenet plats", *Arkitekturteorier*, 1999, s. 89–115. Artikeln publicerades

ursprungligen som "The phenomenology of place" i *Architectural Association Quarterly* 8 1976 och publicerades därefter som inledande kapitel i *Genius loci: towards a phenomenology of architecture* (1980).

12. Norberg–Schulz s. 114.

13. Norberg-Schulz s. 103.

14. My Hellsing, "Court and Public in Late Eighteenth-Century Stockholm: The Royal Urban Life of Duchess Charlotte, c. 1790", *The Court Historian* Volume 20, 2015, issue 1, s. 43–60.

15. Lefebvre s. 192–193, 319f.

16. Linda McDowell, *Gender, identity and place. Understanding feminist geographies*, 1999 s. 148–149.

17. Elin Ekselius, "Bölden som sprack", Sveriges Radio 2009, https://sverigesradio.se/sida/avsnitt/57449?programid=909.

18. Heléne Lööw, "Så blev 30 november Nordens kravallafton", *Göteborgsposten* 29 november 2016.

19. Juryn leddes av landskapsarkitekten Ulla Bodorff som skrev om tävlingen i "Kungsträdgårdstävlingen 1952", *Havekunst* 1952. Se också Torbjörn Olsson, "Tävlingen om Kungsträdgården", *Arkitektur* nr 11 1952, s. 231. Olsson betraktade de olika paviljong- och butiksförslagen som omöjliga att förverkliga: "Tävlingen har övertygat mig om att också den lättaste parkbyggnad i Kungsträdgården uppe vid Hamngatan är direkt felaktig". Om bodar/paviljonger/basarbyggnader s. 231.

20. Torbjörn Olsson, "Tävlingen om Kungsträdgården", *Arkitektur* nr 11 1952, s. 239.

21. Torbjörn Olsson, "Tävlingen om Kungsträdgården", *Arkitektur* nr 11 1952, s. 229–240.

22. Almstriden har genererat mycket litteratur, både forskningsrelaterad och populärvetenskaplig, opartisk såväl som i högsta grad partisk. De första

böckerna och texterna publicerades redan kort efter ockupationen. Till de viktigaste hör Ulf Stahre, *Den alternativa staden. Stockholms stadsomvandling och byalagsrörelse* (1999), Daniel Helldén, *Demokratin utmanas. Almstriden och det politiska etablissemanget* (2005) och Anders Gullberg, *City – drömmen om ett nytt hjärta: moderniseringen av det centrala Stockholm 1951–1979*. Del 2 (2001).

23. Lefebvre s. 191.

24. Lina Olsson, *Den självorganiserade staden* 2008, s. 56.

25. Norberg-Schulz s. 110–111.

26. Eva von Zweigbergk, "Omodern stadsplanering", *Dagens Nyheter* 31 oktober 1962, "Folk ska bo i stad, så blir staden glad", *Dagens Nyheter* 23 maj 1964, "Är städer oamerikanska?", *Dagens Nyheter* 3 juli 1964. Under 1960- och 1970-talen refererade flera andra personer i olika tidningsartiklar till Jane Jacobs, se t ex en intervju med arkitekten Sven Silow under rubriken "Punkthus utdöms i USA. Nyromantisk gatufilosofi ger mjukare stadsmiljö" (sign. Col.), *Dagens Nyheter* 8 mars 1963, s. A19 och Sture Balgård, "Städernas utveckling", *Dagens Nyheter* 19 januari 1971. Jacobs bok kom på svenska först 2005 under titeln *Den amerikanska storstadens liv och förfall*. Penn Station lyckades Jacobs dock inte rädda från rivning.

27. När Stockholms handelskammare 2015/2016 lämnade tillbaka förvaltningen av Kungsträdgården till Stockholms stad såldes tomträtten där restaurangen är uppförd till Apple. Apple äger tomträtten – men inte marken, den tillhör staden – men har velat köpa till mark för att kunna göra byggnaden mycket större.

28. Ett orangeri är ett övervintringshus för växter som inte kan stå ute året om, typiska orangeriväxter har varit citroner, apelsiner, myrten och lager. En vauxhall är en danssalong, uttrycket hämtades från Vauxhall

Gardens, en förlustelsepark i London som öppnade omkring 1660.

29. Se bland annat Claes Britton, "Ny almstrid att vänta om Applebutiken blir verklighet", *Dagens Nyheter* 28 september 2018

30. Per Gudmundson, "M förlorade i Stockholm på Nobel", *Svenska Dagbladet* 10 september 2018. Fredrik Engström, "Jättesmäll mot M längs Strandvägen pga Nobel center", *Fastighetsvärlden* 10 september 2018.

31. Denna typ av omvandling pågår redan i Stockholm. Ett exempel är Abu Dhabi Investment Authoritys (ADIA) långt gångna planer på att riva stora delar av kvarteret med Sturegallerian vid Stureplan för att kunna bygga en ny större galleria med fler butiker. Byggnadsarbetena vid Gallerian har samma syfte.

32. Saskia Sassen, "Who owns our cities – and why this urban takeover should concern us all", *The Guardian* 24 november 2015. Saskia Sassen är professor i sociologi vid Columbia University, New York, USA.

33. Norberg-Schulz s. 112.

34. Viktor Barth-Kron, "Apple i Kungsträdgården – ett slott för den moderna tiden?", *Dagens Nyheter* 12 februari 2016. Elisabet Andersson, "Apples tempel blir ett antiklimax i Kungsträdgården", *Svenska Dagbladet* 18 februari 2016. Bengt Isling och Göran Lindberg, "Släng Apple-förslaget i papperskorgen", *Arkitekten* 12 april 2016. "Dialog om Kungsan", *Arkitekten* nr 8, 2016, s. 77.

Referenser

Andersson, Elisabet, "Apples tempel blir ett antiklimax i Kungsträdgården", *Svenska Dagbladet* 18 februari 2016.

Balgård, Sture, "Städernas utveckling", *Dagens Nyheter* 19 januari 1971.

Barth-Kron, Viktor, "Apple i Kungsträdgården – ett slott för den moderna tiden?", *Dagens Nyheter* 12 februari 2016.

Bodorff, Ulla, "Kungsträdgårdstävlingen 1952", *Havekunst* 1952.

Britton, Claes, "Ny almstrid att vänta om Applebutiken blir verklighet", *Dagens Nyheter* 28 september 2018.

Carlén, Octavia, *Carl XIII:s torg förr och nu*. Stockholm: A. L. Norman 1866.

Ekselius, Elin, "Bölden som sprack", Sveriges Radio 2009, https://sverigesradio.se/sida/avsnitt/57449?programid=909.

Engström, Fredrik, "Jättesmäll mot M längs Strandvägen pga Nobel center", *Fastighetsvärlden* 10 september 2018.

"Förordning för them som wilja spatsera i Kungl. Maj:ts Trägård vid Sankt Jacobi kyrka". Stockholm: Ståthållarämbetet 1763.

Gudmundson, Per, "M förlorade i Stockholm på Nobel", *Svenska Dagbladet* 10 september 2018.

Gullberg, Anders, *City – drömmen om ett nytt hjärta: moderniseringen av det centrala Stockholm 1951–1979*. Del 2. Stockholm: Stockholmia Förlag 2001.

Hallemar, Dan, "Starka almar", *Expressen* 12 maj 2011.

Helldén, Daniel, *Demokratin utmanas. Almstriden och det politiska etablissemanget* (diss.). Stockholm: Stockholms universitet 2005.

Hellsing, My, "Court and Public in Late Eighteenth-Century Stockholm: The Royal Urban Life of

Duchess Charlotte, c. 1790", *The Court Historian*. Volume 20, 2015, issue 1.

Isling, Bengt och Söderberg, Göran, "Släng Appleförslaget i papperskorgen", *Arkitekten* 12 april 2016.

Isling, Bengt och Söderberg, Göran, "Dialog om Kungsan", *Arkitekten* nr 8, 2016.

Jacobs, Jane, *The Death and Life of Great American Cities*. New York: Vintage 1961.

Lefebvre, Henri, *The Production of Space*. Oxford: Blackwell Publishing 1991 (1974).

McDowell, Linda, *Gender, identity and place*. Minneapolis: University of Minnesota Press 1999.

Lööw, Heléne, "Så blev 30 november Nordens kravallafton", *Göteborgsposten* 29 november 2016.

Norberg-Schulz, Christian, "Fenomenet plats", *Arkitekturteorier*. Stockholm: Raster 1999.

Olsson, Lina, *Den självorganserade staden: approprieringen av offentliga rum i Rinkeby* (diss.). Lund: Lunds universitet 2008.

Olsson, Torbjörn, "Tävlingen om Kungsträdgården", *Arkitektur* 1952, nr 11.

"Punkthus utdöms i USA. Nyromantisk gatufilosofi ger mjukare stadsmiljö" (sign. Col.), *Dagens Nyheter* 8 mars 1963.

Sassen, Saskia, "Who owns our cities – and why this urban takeover should concern us all", *The Guardian* 24 november 2015.

Sköld, Kerstin, "Stockholms finrum", *Utblick Landskap* nr 2 1999.

Stahre, Ulf, *Den alternativa staden. Stockholms stadsomvandling och byalagsrörelse* (diss). Stockholm: Stockholmia Förlag 1999.

Wollin, Nils G., "Kungsträdgården", *Sankt Eriks årsbok* 1923 och 1924.

Zweigbergk, Eva von, "Omodern stadsplanering?", *Dagens Nyheter* 31 oktober 1962.

Zweigbergk, Eva von, "Folk ska bo i stad, så blir staden glad", *Dagens Nyheter* 23 maj 1964.

Zweigbergk, Eva von, "Är städer oamerikanska?", *Dagens Nyheter* 3 juli 1964.

Målning, bild och kulturarv: graffitimålningen *Fascinate* som visuell ekologi

Jacob Kimvall

I september 1984 sändes Tony Silvers och Henry Chalfants dokumentärfilm *Style Wars* på kanal 1 i Sveriges television. Filmen brukar idag omnämnas som en av de centrala dokumentärerna om den tidiga hiphopkulturen.[1] Filmens huvudtema är dock konflikten mellan graffitimålarna och staden New Yorks myndigheter. Hiphopkulturens andra delar i form av dans och musik bidrar främst till att bilda en fond till denna konflikt.

Konst på Stickspår, som filmen kom att heta i den svenska tevetablån, väckte stor uppmärksamhet. *Expressens* teverecensent var entusiastisk och ansåg att dokumentären borde sändas "i repris i konkurrens med något sämre program än 'M*A*S*H'".[2] Även många andra stora dagstidningar skriver artiklar om dokumentären, och den rikstäckande *Röster i Radio och TV* har en stort uppslagen artikel. Uppmärksamheten rörande ett enskilt teveprogram om ett i svenska sammanhang då relativt marginellt fenomen går att förstå i förhållande till det dåvarande massmediala landskapet. Det fanns förstås inget Internet eller några sociala medier, men inte heller privatradio eller några kommersiella

---

Hur du refererar till det här kapitlet:
Kimvall, J. 2019. Målning, bild och kulturarv: graffitimålningen *Fascinate* som visuell ekologi. I Hayden, H. (ed.) *Kontextualisering. Teoretiska tillämpningar i konstvetenskap: 2*. Pp. 83–119. Stockholm: Stockholm University Press. DOI: https://doi.org/10.16993/baw.d. License: CC-BY 4.0

tevekanaler. Förutom de tryckta medierna fanns i Sverige tre radiokanaler (samt viss närradio) och två tevekanaler. Den drygt timslånga dokumentären upptog därför en inte oansenlig del av denna fredagskvälls svenska teveutbud om sammanlagt strax under 12 timmar.[3] Som Expressens recensent önskade gick filmen i repris, dock först nästan tio år senare.[4] Men eftersom videobandspelaren 1980-talets första halva etablerats på bred front i Sverige kunde filmen fortsätta att cirkulera under 1980-talet i form av kopior på videokassetter.[5] *Style Wars* har senare getts ut på såväl video som DVD, och idag går filmen att se på digitala plattformar som YouTube.[6]

En central del av *Style Wars* går ut på att tittarna får följa arbetsprocessen när de två graffitimålarna Seen och Duster skapar ett gemensamt verk. I en sekvens diskuterar de hur målningens bakgrund ska konstrueras. Duster vill ha en brun bakgrund, men Seen protesterar, och förklarar samtidigt som han gestikulerar framför väggen:

> Seen: I ain't putting no browns there. Ain't no way. Red, orange and yellow. You want it to stand out. Boom. The whole thing. Around the whole works... red, orange, yellow. Remember how I did the "Mad Seen" with the wall and the color went all around the thing? The "Mad Seen", the one on the 5:s? With the walls all falling down. The one I did myself...
> Duster: No.[7]

För den som har grundläggande kunskap om den subkulturella graffitins historia och idag ser filmen uppstår det här sannolikt ett förbryllande ögonblick. Målningen som Seen refererar till är välkänd, och han har dessutom gjort flera andra liknande verk, med fallande stenmurar och röd, orange och gul bakgrund.[8] Med stor sannolikhet förstår den tittare som har grundläggande graffitikunskap precis vad Seen menar, men det gör inte hans kollega Duster. Saknar Duster verkligen kunskap om dessa välkända målningar? Det enkla svaret är att de inte var välkända då, utan blir det först senare, genom just filmen *Style Wars*, och genom böcker om graffiti såsom Martha Coopers och Henry Chalfants *Subway Art* (en bok som påbörjades flera år innan filmen spelades in men gavs först ut 1984). Den tittare som idag ser filmen befinner sig i en annan kontext, och i tid och rum längre från dessa målningar, men hen har genom graffitilitteraturen, som inte fanns när filmen spelades in, också en möjlighet till överblick av Seens produktion som Duster saknar.[9] Kort sagt, målningarnas status som referenspunkter i graffitihistorien har till största delen uppstått i efterhand.

Det här pekar på att Seens verk, liksom merparten av alla graffitimålningar som blivit kanoniserade, egentligen inte främst är kända som målningar i en rent materiell mening, utan som fotografiska bilder av målningar. De är referenspunkter i en graffitikontext genom att de reproducerats i de många publikationer som getts ut om ämnet, samt under de två senaste decennierna cirkulerat på Internetsidor, liksom senare i olika sociala medier.[10] Men de målningar som dokumenteras har i de allra flesta fall sedan länge försvunnit – antingen utraderade som smuts av sanerare utsända av fastighetsägare, eller övermålade med nya graffitimålningar. Den amerikanska litteraturvetaren och författaren Susan Stewart har i en essä hävdat att graffiti inte handlar om enskilda verk utan om en process, och en "fortlöpande

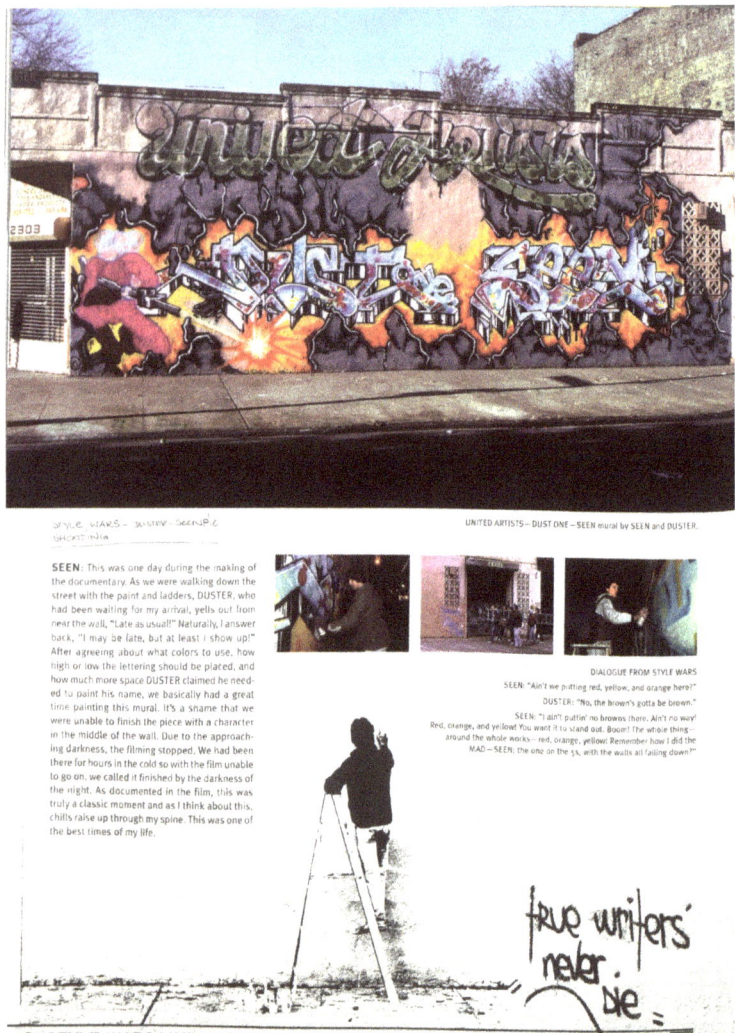

Bild 1a-b. Dusters och Seens målning (till vänster) från *Style Wars* (1983) samt den målning som Seen refererar till som förebild (till höger). Faksimil ur Martha Coopers bok *Hip Hop Files: Photographs 1979-1984* (2004). Copyright: Martha Cooper och From Here To Fame. Licens: CC BY-NC-ND

STYLE WARS SCREENINGS

SEEN: The highlight of STYLE WARS was not watching it on television. It was actually going to the main event, seeing the private screening with all of us that were in it. We were hanging out together, viewing the whole thing, cutting on each other, and that was the coolest thing then. Whenever I hear STYLE WARS, I have to just remember 1982.

"I saw STYLE WARS for the first time at a screening room. We got there a little after it started. We had to sit on the floor because it was so crowded. The opening scene with the trains was so powerful and eerie. I felt that it really set the mood of the whole thing!" REVOLT

HENRY CHALFANT: When we shot STYLE WARS, we had no idea how much influence this movie would have on the graffiti scene worldwide. At this time, I was working with ROCK STEADY and we were trying to get gigs and trying to get advertising firms to use them so they would get paid. Nothing! Nobody was interested. It was an underground phenomenon and we thought it would always be like that. When we started getting feedback after the movies and the books came out, we realized that it was spreading around the world.

BATES: I remember it like it was yesterday. I was sleeping when my mother woke me up and said, "Listen, there is something on TV you should see." So I watched STYLE WARS on Swedish television in 1984 and I was blown away! It had such an impact on me that I wanted to spray immediately. To that point, I had only done marker tags. So my mother went out the next day and brought me and my cousin a spray can each. We went spraying signature tags around the neighborhood that night and my mother went along with us.

HENRY CHALFANT: Around 1993, the Anthology Film Archive invited us to show STYLE WARS in their theater twice each weekend for three weeks. It was a great opportunity. We put out the word and on the first evening, the theater was overflowing with people, including many writers that were in the film. Everybody was excited because there hadn't been a theatrical screening of STYLE WARS for years. When the lights finally went down, SEEN took out a spray can and proceeded to do a throw-up on the back wall. When they heard that familiar rattling, hissing sound and smelled that familiar smell, all the writers in the theater immediately whipped out their spray cans and markers and began to bomb the theater, climbing on chairs and radiators to reach high up the walls. The film played on through the pandemonium and misty darkness and when it was over, the theater had been transformed. The genie was out of the bottle. As writers poured out of the theater, old scores were settled. There were a couple of beatdowns and everyone started to bomb the outside of the theater and neighboring buildings, including the Catholic school across the street. When the priest emerged from the rectory to protest, he was met with a hail of empty beer bottles. Through it all, Jonas Mekas, the noted film critic whose theater it was, wandered through the crowd with a smile on his face and video camera rolling. The manager of the house shouted angrily, "They're all animals. Animals!!" The next day, LADY PINK and I volunteered to help clean up. Nevertheless, there were no more screenings.

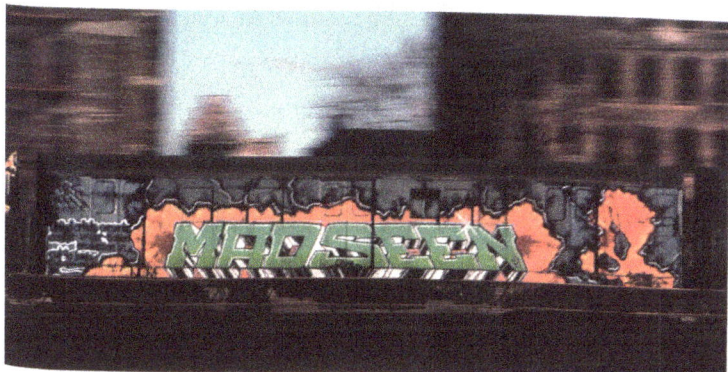

"I did the MAD–SEEN whole car in Esplanade in early-winter 1981. I think I was in the tunnel with IZ THE WIZ from TMB, THE MASTER BLASTERS that night. Later this design was the inspiration for the background of the STYLE WARS mural." SEEN

Bild 1a-b. Continued.

reproduktion" där själva graffitiborttagningen är central eftersom den skapar "mer utrymme och nya ytor att skriva på, något som graffitiskrivarna i själva verket är betjänta av".[11] Här bör det invändas att viss graffiti uppenbart behandlas som enskilda verk, men då handlar det alltså oftast inte om målningar utan om fotografiska reproduktioner av målningar. Etablerandet av graffitispecifika publikationer börjar under tidigt 1980-tal, dels med breda böcker och filmer riktade till etablerade mediala kanaler, dels med fanzines som spreds inom och genom subkulturella nätverk.[12] Gregory Snyder har beskrivit denna utveckling som en dematerialisering av graffiti då bilderna tas ut ur sin fysiska kontext, vilket för Snyder som är kriminolog också innebär en avkriminalisering av graffitimålningarna.[13] Även om Snyder har en intressant poäng så missar den en aspekt som i ett bildteoretiskt sammanhang är viktig: publicerandet av fotografiska reproduktioner av målningar inte främst innebär dematerialisering utan snarare en rematerialisering av bilderna.[14] På detta sätt befinner sig verken i nya fysiska kontexter, om än inte längre som målningar (i meningen färg applicerad på yta).

Den stora skillnaden ur ett bildteoretiskt perspektiv är inte heller att graffitimålningarna avkriminaliseras, utan att de mångfaldigas och börjar cirkulera i nya rumsliga, tidsmässiga och kulturella sammanhang.[15] För en konstvetare kan det vara lätt att i likhet med Snyder uppfatta denna typ av reproduktion och mångfaldigande av graffitimålningar som en dekontextualisering. Det kan dessutom vara lockande att beskriva den ursprungliga kontexten som mer autentisk, och de fotografiska reproduktionerna som bleka kopior. Men snarare än en dematerialisering och dekontextualisering av bilder som producerats genom appliceringen av färg på en yta, så bör detta förstås som en kraftfull process av rematerialisering och rekontextualisering. I ett vidare perspektiv har denna process haft stort inflytande på förståelsen av enskilda verk, samt förmodligen varit helt avgörande för att vissa målningar fått status som mästerverk, och blivit referenspunkter i en graffitikontext. Att enskilda konstverk blir sedda och studerade genom reproduktioner är nu långt ifrån unikt för graffiti. Dan Karlholm har pekat på hur viktig den då nya bildprojiceringstekniken var för konsthistorikerna Adolph Goldschmidt och Heinrich Wölfflin då de verksamma på Humboldtuniversitetet i Berlin under åren kring förra sekelskiftet utvecklade seminarier med konstverksanalys.[16] Genom skioptikon-tekniken, dagens digitala bildprojektorers tidiga föregångare, blev det möjligt att förstora och i detalj studera konstverk, liksom genom att använda dubbla projektorer jämföra verk som fanns i olika geografiska kontexter.[17] Att en kanonisering sker först i efterhand är inte heller ovanligt, tvärtom. Ett enskilt konstverks status är ofta ett resultat av långa, komplexa och ibland motsägelsefulla historiska processer, på vilka konstnären och hens ursprungskontext har mycket litet inflytande. Historikern Donald Sassoon har till exempel beskrivit hur Leonardo da Vincis *Mona Lisa* går från ett relativt anonymt konstverk av en bemärkt konstnär på 1500-talet till att bli "världens mest berömda målning" först under 1900-talet. Han pekar också på att delvis verkets status delvis uppstår genom populärkulturell cirkulation.[18] Inte heller da Vincis *Nattvarden*, som står i centrum för Hans Haydens artikel i denna volym, är främst känd genom besökarna av det idag musealiserade refektoriet i Santa Maria delle Grazie i Milano, utan för att så många människor sett väggmålningen reproducerad i olika medier. Listan på verk som i efterhand erhållit status som mästerverk kan göras lång, och ofta är olika typer av reproduktioner viktiga i dessa processer. Så varken rekontextualisering genom massmedier eller att ett konstverks status uppstår i efterhand är unikt för graffiti, utan snarare en del av gängse (konst)historiska processer. Skiljer sig då det som inledningsvis har beskrivits kring graffiti inte på något sätt från till exempel traditionellt västerländskt stafflimåleri? Kanske inte så mycket som det intuitivt kan tyckas, men jag tänker mig att det finns två skillnader som inte är nödvändiga men väl konventionella. Den första skillnaden handlar om frånvaron av målningen som objekt, samtidigt som verken ofta diskuteras som just som graffitimålningar. Den andra skillnaden handlar om det relativt begränsade konstinstitutionella engagemanget för graffiti som konst. Jag tänker här på konstinstitutionellt engagemang i vid mening, till exempel i form av samlande och exponering på museer och konsthallar, men också kritik och bedömning i en offentlighet, och konsthandel på gallerier och auktionshus. Det finns och har länge funnits ett intresse från den institutionella konstvärlden för graffiti som konst, men samtidigt saknas mer systematiskt konstinstitutionellt engagemang.[19] Båda dessa aspekter får en central betydelse för graffiti som konstverk i en konstvetenskaplig och historieskrivande kontext.

Trots att samtiden präglas av en hög grad av bildcirkulation, och att många av oss möter kanoniserade konstverk främst som fotografiska reproduktioner i massmedier så är det enskilda verkets materiella närvaro ofta en självklar utgångspunkt för den professionella konsthistorikern. Även en

Målning, bild och kulturarv 91

pionjär inom feministisk konstvetenskap som Linda Nochlin beskriver hur hennes "hjärta börjar slå snabbare" i mötet med objekt som rörts av konstnärens hand, eller "allra bäst, när jag kommer över ett verk som jag tidigare endast sett som reproduktion, men nu kan granska ansikte mot ansikte".[20] Konsthistorikern Michael Ann Holly har beskrivit den konstvetenskapliga disciplinen i termer av en grundläggande melankoli, där själva undersökningens legitimitet vilar på att något gått förlorat. Men till skillnad från för historikern det är inte de fysiska objekten som för konstvetaren gått förlorade utan delar av förståelsen och de kulturella sammanhangen. Holly menar att mötet med ett konstverk i en konsthistorisk kontext därför innebär en tolkningsmässig paradox, där objektet är både närvarande och frånvarande:

> The very materiality of objects with which we deal presents historians of art with an interpretive paradox absent in other historical inquiries, for works of art are both lost and found, both present and past, at the same time.[21]

När det kommer till verk inom graffiti och närliggande bildkulturer tycks denna paradox av närvaro och frånvaro dock sällan handla om det enskilda objektets materialitet i sig, utan snarare deras status som konstverk – och att det finns så många materialiseringar och kontextualiseringar av verket. En bild som Seens och Dusters tidigare diskuterade målning är sedan länge försvunnen, och den kontext där den en gång uppfördes har förändrats. Men som rematerialiserat verk fortsätter målningen att ha närvaro, då den återpubliceras i olika medier, samt genom att *Style Wars* hela tiden finner nya tittare.[22] Den materiella och kulturella kontext där verket återfinns, eller snarare skapas och återskapas, kan beskrivas som ett visuellt ekosystem, eller vad jag i detta sammanhang vill kalla för en visuell ekologi. Vad detta innebär kommer jag strax att återvända till men först också kort om det begränsade konstinstitutionella engagemanget.

I den relativt höga frånvaron av strukturerat samlande, värderande, vårdande och kontextualiserande av graffitikonst har rematerialiseringen i böcker, filmer och sidor på Internet blivit den viktigaste konstinstitutionella kontexten. Det är främst här och inte på museer som verken både exponeras och bevaras, och det är i dessa sammanhang som stora delar av tolkningsramarna skapas. Som konsthistorisk forskare med inriktning på graffiti är jag beroende av arkiv som samlats av privatpersoner, och sedan publicerats i böcker, tidningar och på nätet. I en konstvetenskaplig kontext har Sonya Neef diskuterat idén om ett graffiti-museum, utifrån Mieke Bals display-begrepp, och konstaterar att i den mån ett sådant finns så är det på det Internet som är "fyllt av graffiti-webbsidor som används av graffitimålare och deras sympatisörer som utställningsplats, med möjlighet att sätta deras arbete i display".[23] Att Internet har blivit en viktig exponeringsplats, har graffitin förstås gemensamt med många andra bildkonstnärliga sammanhang, bland annat med det delvis överlappande fenomenet gatukonst. Den tyska medievetaren Katja Glaser har i en artikel hävdat att gatukonstens främsta exponeringsplats inte är gatan utan just Internet.[24]

När det gäller graffiti, liksom gatukonst, är det paradoxala att det ofta inte längre finns något original, samtidigt som detta original ofta framstår som förgivettaget, eftersom det är verket som dokumenterats som diskuteras och ytterst sällan fotografiet. På detta sätt skiljer sig fotografier av graffiti och gatukonst å ena sidan från fotografiets roll inom till exempel performancekonst (där det skillnaden mellan en performance och ett fotografi som dokumenterar detsamma sannolikt är uppenbar), å andra sidan från mer renodlad Internet- eller fotobaserad konst där det så att säga är uppenbart att verket är bilden. Det dokumentära fotografiet inom graffiti och gatukonst kan beskrivas med två av de centrala begreppen i den terminologi som Charles Sanders Peirce etablerat: ikon och index. Ikon bygger på visuell likhetsrelation mellan bild och objekt, och index på en utpekande relation mellan bild och objekt. Den fotografiska reproduktionen inom graffiti är då en materiell bild som både liknar målningen (en ikonisk relation till objektet) och pekar på just denna målning, och uppfattas som ett belägg för att den en gång har existerat (en indexikal relation till objektet). På detta sätt är objektet i fotografiet ett föreställt original, men såsom graffitimålningen förstås och upplevs som konstverk, så menar jag att den inte finns i den ena eller den andra materiella kontexten utan uppstår i ett samspel mellan dessa. Det är detta samspel som jag vill kalla för en visuell ekologi.[25]

Att undersöka ett verk som något som skapas och återskapas i en visuell ekologi innebär då att utföra en analys som är känslig för alla de olika kontextuella och materiella sammanhang där verket existerar och som tillerkänner att det finns olika historiska, kulturella och sociala kontexter med relevans för en konsthistorisk förståelse av verket, där ursprungskontexten och den enstaka målade bilden erkänns som relevant – men där en också är medveten om att det är långt ifrån det enda sammanhang där verket skapas.

För att konkretisera vad jag menar med en visuell ekologi vill jag nu diskutera på ett enskilt verk, vilket har den för graffitisammanhang ovanliga egenskapen att den faktiskt existerar som en enskild materiell målning – trots att verket när detta skrivs är nästan 30 år gammalt. Det handlar om den idag i Sverige relativt kända graffitimålningen *Fascinate* som skapades 1989 av de två då tonåriga graffitimålarna Circle och Wierd. Målningen uppfördes på sidan av en verkstadsbyggnad i stadsdelen Bromsten. Sedan tidigt 00-tal har Bromsten varit föremål för en omfattande stadsomvandlingsprocess där större delen av områdets arbetsbyggnader kommer att få ge vika för bostäder. Den geografiska kontexten där verket finns står alltså under kraftig omvandling, vilket är av relevans i detta sammanhang, och något som jag kommer att återkomma till.

Fascinate som målad bild

Fasaden som målningen täcker är ungefär tretton meter bred, vid sin högsta punkt närmare åtta meter hög och något lägre mot sidorna. Graffitimålningar är ofta avlånga i sina kompositioner, vilket förmodligen både är ett arv från graffitin på New Yorks tunnelbana (där formen anpassades till tunnelbanevagnarnas format) och en effekt av att ordet har en så central position inom graffitimåleriet. Eftersom målningen utnyttjar hela fasadens yta så ligger

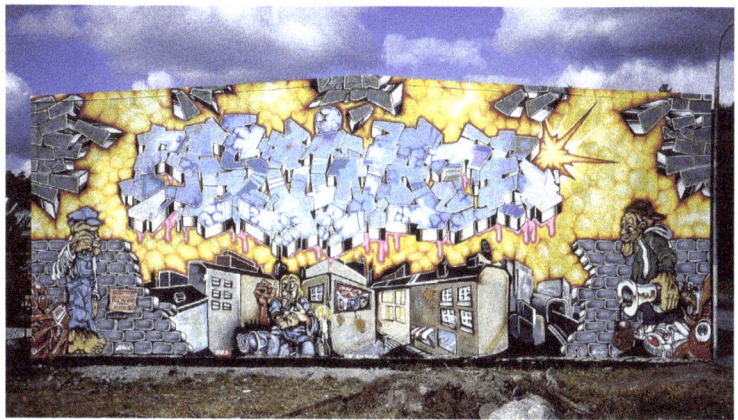

Bild 2. *Facinate* (1989) av Circle och Weird. Foto: Patrik Malbeck/Circle. Copyright: Patrik Malbeck/Circle. Licens: CC BY-NC-ND

Fascinate närmare konventionerna för stafflimåleri inom västerländsk konst.

Bildens nedre halva präglas av ett föreställande motiv – ett stadslandskap med tre figurer. Aningen till vänster om mitten sitter en figur som med ett förvridet ansikte sticker en spruta i sin arm. Bakom honom skjuter en kloliknande arm upp som för att säga att han plågas av demoner – och får oss att förstå att han är offer för ett drogmissbruk. På vardera kortsidan finns två figurer, båda stående framför rester av en stenmur och blickande inåt mot stadslandskapet som tecknar sig på fasadens yta. Intrycket är att muren har rämnat och att det centrala motivet återfinns bakom den. De två figurerna hamnar på detta sätt i förgrunden och blir också med sin placering och sina blickar inåt i bilden ställföreträdande åskådare, gestalter som befinner sig mellan oss som tittar på målningen och motivet.[26] Såsom visuella representationer för åskådare och åskådande kan de ses som grepp för att styra betraktarens blick inåt mitten av bilden, men också tolkas som ett erbjudande om att imaginärt stiga in i verket. Som representationer för åskådare går det också att förstå de två figurerna som förslag möjliga reaktioner på verket. Gestalten till höger är en ung man, sannolikt en tonåring, med kläder som för tiden tydligt signalerar hiphop: sneakers, löst snörda tjocka skosnören och hängande jeans på underkroppen, luvtröja och bombarjacka på överkroppen, och keps på huvudet. Hans ansiktsuttryck är svåravläst men jag skulle säga att blicken är lite avmätt och samtidigt intresserad. Hans förankring i en lekfull ungdomstid understryks av den leksak som han håller i sin vänstra hand – en stor korkpistol där den omgivande staden och himlen återspeglas i dess kromade glans. Den vänstra gestalten framstår som betydligt äldre, en arbetare klädd i blåställ och arbetsskjorta. Hans ansiktsuttryck är lättare att avläsa, där han med ena handen försöker torka sina tårar. Kanske representerar han en föräldrageneration, och en förälder som förlorat sin son eller dotter i drogmissbruk. Han tycks samtidigt också vara en representant för upphovspersonerna – från bältet, eller om det är hans ficka, hänger en lapp med bokstäverna AIO. Det är en förkortning för All In One, en dansk-norsk-svensk målargrupp som Circle och Weird ingår i. På väggen intill hänger också en efterlysning på just detta crew, en tydlig blinkning till graffiti som en olaglig handling (trots att just denna målning är laglig). Målargruppens namn återkommer även i bildens centrum, då gestaltad som en billboard och med en typografi som parafraserar Coca Colas logotyp.

Över hela stadslandskapscenen svävar den text som gett målningen dess titel: *Fascinate*. Den är gestaltad i olika blå och lila nyanser som kontrasteras mot bakgrunden/himlens gul-orange-röda färgskala. Längst till höger, som ett utropstecken efter ordet, finns också en explosion. Såväl denna explosion som de kontrasterande kalla och varma färgskalorna har en tydlig intertextuell relation till Seens och Dusters ovan diskuterade målning i *Style Wars*.[27] Även det för genren ovanligt kvadratiska formatet påminner om den äldre målningen, liksom greppet att rama in huvudmotivet med en till synes sprängd stenvägg. Det går också att peka ut skillnader, såsom att texten i *Fascinate* inte gestaltar upphovspersonernas artistnamn samt att den är placerad i bildytans övre halva. Seens och Dusters målning saknar också det figurativa sceneri som återfinns i *Fascinate* och som skapar en bild med en illusorisk djupverkan – ett bildrum att se in i. Men på flera punkter ligger de två bilderna så nära varandra att jag vill hävda att *Fascinate* parafraserar delar av Seens och Dusters målning. I det sena 1980-talets subkulturella graffitikontext där *Fascinate* skapas är det rimligt att förstå relationen till Seens och Dusters målning i *Style Wars* som en som både bygger på en öppet redovisad hänvisning, och som ett försök att (i den alldagliga meningen av ordet) modernisera sin föregångare, och på sätt kanske också försöka överträffa detta äldre verk.

En av konstnärerna, Weird (idag mer känd som filmregissör under sitt födelsenamn Tarik Saleh), har berättat att verket syftade till att imponera i på deras kollegor och konkurrenter på den stockholmska hiphopscenen, och att positionera dem i centrum av denna scen.[28] På detta sätt kan målningens storlek och skarpa detaljrikedom ses som något som syftar till att imponera – eller kanske som målningens text säger: fascinera.

Fascinate som rematerialiserad och rekontextualiserad bild

Om ett syfte med *Fascinate* var att positionera Circle och Weird centralt i graffitistockholm så tycks de ha lyckats mycket väl. De lyckades även med att nå utanför en tydligt subkulturell kontext. Målningen diskuteras och reproduceras i en rad olika sammanhang under hela 1990-talet, i så skilda medier som nyhetsprogrammet *ABC-nytt*, fackförbundstidningen *Kommunalarbetaren*, radioprogrammet *Kulturkvarten* i P1.[29] Den viktigaste av dessa publiceringar är dock sannolikt Per-Olof Sännås fotoreportagebok *Graffiti: ett gäng hip hopare och deras konst* från 1993. Det är den andra svenska boken om denna nya typ av graffiti och *Fascinate* är här den enskilda målning som får mest utrymme.[30] Sännås bok tycks också ha rönt relativt stor uppmärksamhet, och flera av de andra massmediala inläggen om *Fascinate* har kopplingar till boken.

Fascinate återges i sin helhet över ett helt uppslag i slutet av boken, och på uppslaget innan detta finns en serie om fyra fotografier som skildrar arbetet med verket. På ett fotografi syns de två upphovspersonerna titta på en detaljerad skiss och en annan visar hela väggen under en uppskissningsfas. De övriga två bilderna visar Circle där han arbetar med målningen på en hög stege. Denna visualisering av själva arbetsprocessen – innebär att det även i remedieringen av verket finns en tydlig parallell till *Style Wars* och Seens och Dusters målning.[31] En annan intermedial relation, och sannolik förebild, återfinns i Henry Chalfants senare bok *Spraycan Art*, där det återfinns ett likartat upplägg där läsaren i slutet av boken kan följa konstruktionen av en målning.[32]

Graffitimålningar har sällan några officiella titlar, utan i de fall dessa finns så brukar namnet ha uppstått i en subkulturell kontext, och då oftast baserat på vad som det står på målningens huvudsakliga text. I bildtexten på uppslaget med bilder på arbetet med *Fascinate* står det: "Den 8 meter höga och 13 meter breda betongväggen förvandlas till ett färgsprakande konstverk kallat Fascinate...".[33] Det är alltså rimligt att tolka att det är här, och genom *Graffiti: ett gäng hip hopare och deras konst*

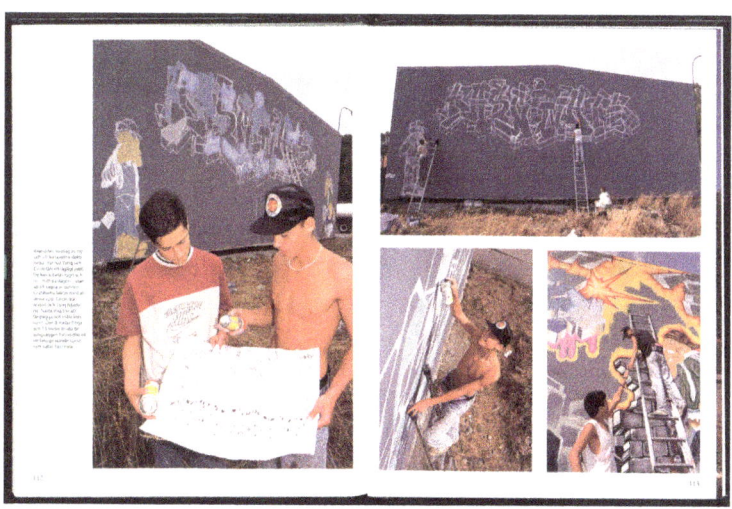

Bild 3. Faksimil ur Per-Olof Sännås bok *Graffiti: ett gäng hip hopare och deras konst* (1993). Copyright: Per-Olof Sännås. Licens: CC BY-NC-ND

som verkets titel etableras. Sammanfattningsvis går det att konstatera att denna bok har fyllt en konstinstitutionell funktion – den exponerar och kontextualiserar det färdiga verket och marknadsför detta för en större offentlighet, dokumenterar arbetsprocessen, och pekar slutligen ut verkets titel. Snarare än en *rekontextualisering* går det att argumentera för att publiceringen av målningen och dess tillkomstprocess utgör en första kontextualisering.

Fascinate som konstverk i en geografisk kontext

Fascinate är uppförd på sidan av en verkstadsbyggnad i Bromsten, en stadsdel belägen sydöst om Tensta och Rinkeby, väster om Rissne och nordost om järnvägsspåren och villaområdena i Spånga. Det äldsta mediala inlägget som jag hittat och som kopplar ihop platsen med de två graffitimålarna Circle och Weird, är en krönika publicerad i Expressen. Skribenten uppmanar läsaren att sätta sig "på pendeltåget i Stockholm och åka på konstutställning från T-Centralen mot Spånga" (den pendeltågsstation som ligger alldeles norr om Bromsten).[34] Varken *Fascinate* eller Bromsten omnämns i artikeln, men både Circle och Weird beskrivs som förebildliga målare, och den aningen vidare geografiska kontexten Spånga framstår i artikeln som ett centrum för graffitikonst. Platsen förefaller vara en nod i ett stråk som löper från centrum (T-centralen) till Spånga. Här kan det vara värt att påpeka att själva riktningen sannolikt är beroende av skribentens sociokulturella position (resan går från innerstad till förort), och att riktningen för många samtida unga graffitiutövare sannolikt gick år andra hållet (förort till innerstad). Med det sistnämnda i åtanke så kan det vara rimligare att tänka sig Spånga och Bromsten som en nod mellan Kungsängen och Nynäshamn i pendeltågslinjens andra ände. Oavsett detta är formuleringen om att läsaren ska "åka på konstutställning" intressant då den pekar på att den geografiska kontexten här inte främst definieras som en fast plats, utan snarare som ett stråk – och alltså en rumslighet byggd på mobilitet.[35] Det kan alltså sägas att de finns två aktuella geografiska kontexter där målningen *Fascinate* skapas, dels det stråk som definieras av pendeltågens rörelse mellan Nynäshamn och Kungsängen, dels den plats där målningen återfinns: Bromsten.

Björn Engbergs bok *Bromsten: 25 år av bombing & burners* (2012) skildrar graffitin i Bromsten från 1980-tal fram till tidigt 00-tal. *Fascinate* framstår här som ett viktigt verk, men samtidigt som en av många målningar. På samma sätt framstår Circle och Weird som centrala aktörer, men också som två av en rad graffitimålare i området.[36] I Bromsten fanns också under 1990-talet en av regionens första öppna graffitiväggar.[37]

Sedan *Fascinate* gjordes har Stockholmregionen genomgått en kraftig befolkningstillväxt, och många småskaliga arbetsområden med lagerlokaler, verkstäder och mindre industrier har rivits för att ge plats för nya bostadsområden. Ett av de mest uppmärksammade exemplen är Lugnets industriområde, där Hammarby sjöstad idag ligger.[38] Stadsbyggnadskontoret i Stockholms stad presenterade 2008 ett program för stadsutveckling med syfte att "undersöka möjligheten att omvandla Bromsten till en ny stadsdel med bland annat nya bostäder och nya lokaler för företagande".[39] Programmet lyfter in *Fascinate* under rubriken "Kulturmiljö", och nämner att verket gjordes 1989 med ägarens tillstånd, samt att det anses vara "ett av de bästa exemplen i Stockholmsområdet på graffiti från den tiden".[40] Betoningen av den tid som har förflutit sedan målningen gjordes, kombinerat med den planerade omvandlingen av området, innebär tillsammans en så pass stor kontextuell förskjutning att såväl målningens status som betydelse nu på ett grundläggande sätt har förändrats. Den har gått från att 1989 beteckna något imponerade och samtida, eller såsom jag argumenterat för ovan, som en moderniserad version av ett äldre konstverk, till att vara en representant för det förflutna, och en del av områdets kulturarv.

Det är också som kulturarv som målningen behandlas i beskrivningen av den kommande bebyggelsen. I planen förordas att den nuvarande byggnaden rivs, men "att väggen med graffitimålningen sparas och integreras i en nybyggnad med förslagsvis en mindre servering/café".[41] Det sistnämnda förslaget skulle dock visa sig krocka med den samtida lokalpolitiska kontexten – med nolltolerans mot all form av graffiti – vilket jag i nästa avslutande avsnitt kommer att beskriva närmare.

Fascinate – en kollision mellan nolltolerans och kulturarv

Under 1990-talets andra halva sker stora förändringar i förståelsen av de offentliga rummen inom svensk offentlig förvaltning och politik, och med denna förändring även en förskjutning av synen på graffiti.[42] Den större kontext där detta ingår, och som inte på något sätt är begränsad till Sverige, brukar kallas för platsmarknadsföring eller *City Branding*. Mats Franzén, Nils Hertting och Catharina Thörn har i en studie föreslagit begreppet entreprenörsurbanism för att beskriva hur "stadens utformning blir allt viktigare och hur olika projekt genomförs för att för att locka turister och få fart på tillväxten" samt hur bedömningen av "stadens attraktivitet allt mer [blir] en fråga för utifrån kommande investerare än stadens egna invånare".[43] Denna förändring i synen på de offentliga rummen och stadens utformning är också en av kontexterna i Catharina Nolins text om Kungsträdgården i denna volym.

Inom denna kontext av platsmarknadsföring finns stora geografiska och kulturella skillnader, där städer såsom Lissabon och Berlin delvis omfamnat graffiti och gatukonst och gjort delar av konstformerna till en del av sin marknadsföringsstrategi.[44] Stockholm tog dock tidigt intryck av New York där förändringen fått sitt kanske tydligaste uttryck i den så kallade *zero tolerance*-policy som utvecklades inom polisen, och där olaglig graffiti hade en central position. Mycket kortfattat så går policyn ut på att polisen ska ingripa mot mindre brott och ordningsstörningar som de tidigare inte prioriterat, för att på så sätt höja känslan av lag och ordning i stadens offentliga rum, och dess attraktivitet för besökare.[45]

I Stockholm stads tolkning av nolltoleransen så var det inte enbart lagöverträdelser som kom i fokus, utan även graffiti som ett kulturellt uttryck, och i denna kontext blir förslaget om att bevara *Fascinate* kontroversiellt.[46] I ett första steg innebar detta möte mellan kontexterna nolltolerans och kulturarv att det sistnämnda fick stryka på foten. I ett politiskt nämndbeslut avvisade stadsbyggnadsnämnden planprogrammets förslag att bevara *Fascinate*.[47] I en uppföljande nyhetsartikel motiverade dåvarande stadsbyggnadsborgarrådet Kristina Alvendal beslutet genom att hävda att graffiti "skapar en osäker boendemiljö och målningen kommer att föra med sig ytterligare klotter".[48] Inom denna nolltolerans-kontext framstår alltså en lagligt utförd målning en indirekt uppmuntran till skadegörelse.

Jag har tidigare i flera texter diskuterat *Fascinate* i relation till den stockholmska nolltoleranspolitiken mot graffiti.[49] Då har kraven på att ta bort verket ramats in av en nolltoleranskontext, och främst fått fungera som exempel på politikens konsekvenser. Lite självkritiskt kan jag se en tendens att verkets konstnärliga och kulturella värde reducerats till förmån för dess funktion som exempel. I det följande avslutande resonemanget eftersträvar jag att vända perspektivet och istället se nolltoleransen som en produktiv kontext i relation *Fascinate*. Kort sagt diskutera nolltoleransens inverkan på *Fascinate* som ett offentligt konstverk och bevarandevärt kulturarv, liksom dess inverkan på verkets visuella ekologi.

Beslutet i stadsbyggnadsnämnden var inte det sista, utan snarare ett av de första stegen i en kontextförskjutning som omvandlar verket från en graffitimålning till en officiell och erkänd del av det lokala kulturarvet. En sökning i svensk storstadspress i databasen Mediearkivet på orden Fascinate graffiti Bromsten ger totalt 14 träffar.

Flertalet är artiklar i de större dagstidningarna i Stockholmsregionen publicerade mellan 2008 och 2015, och de behandlar alla *Fascinate* som ett möjligt bevarandevärt objekt.[50] Det tycks alltså vara så att det är först med det politiska avslaget att bevara *Fascinate* som målningen framträder i en bredare offentlighet som ett namngivet verk på en specifik plats.[51] Flertalet artiklar återpublicerar också bilder på målningen. Ofta handlar det om nya fotografier av *Fascinate*, sliten av väder och vind, och även delvis vandaliserad. Detta innebär alltså nya rematerialiseringar av *Fascinate*, men nu inte som en slående färgstark graffitimålning utan snarare som en kraftigt patinerad klenod.

Den första av artiklarna, publicerad i *Dagens Nyheter* november 2008, berättar om stadens beslut att inte bevara målningen, vilket behandlas som ett kontroversiellt beslut.[52] En anslutande notis berättar också att området är känt för sin graffiti, vilket gör att målningen än tydligare framstår som ett kulturarv.[53] Målningen representerar då ett (närtids)historiskt Bromsten med en levande graffitiscen, vilket i en nolltoleranskontext gör mer den än mer problematisk att bevara. Alla de följande artiklarna behandlar den politiska kontrovers som uppstår när *Fascinate* behandlas inom en nolltolerans- respektive kulturarvskontext. Intresset för målningen i detta bredare sammanhang verkar också ebba ut i samband med att staden hösten 2015 slutligen beslutar att målningen ska vara kvar genom att rita in den i stadsplanen.[54]

För att sammanfatta så tycks det motsägelsefullt nog vara nolltoleranskontextens motstånd att bevara målningen som på allvar aktualiserar verket inom en kulturarvskontext, och synliggör den i en bredare offentlighet som ett namngivet verk på en specifik plats. Det leder också till en rad nya rematerialiseringar av verket, som nu inte främst kontextualiseras som målning utan som en sliten antik klenod. När målningen väl får ett officiellt skydd minskar åter intresset i bredare medier.

Sammanfattning

Jag har i denna text argumenterat för att graffitimålningar som (konst)verk skapas och återskapas i en bred intermedial och materiell kontext som jag valt att kalla visuell ekologi, som återfinns inom flera olika mediala och kulturella kontexter, samt att den materiella målningen ofta endast är en av flera materialiseringar av verket. Jag har exemplifierat konceptet visuell ekologi, och fenomenet med den graffitimålningen *Fascinate* från 1989. Det centrala är för mig att den konsthistoriska forskaren erkänner den enstaka målade bilden och dess ursprungliga geografiska och materiella sammanhang som en relevant kontext – men där hen också är medveten om att det är en av flera kontexter där verket skapas.

I den visuella ekologi där *Fascinate* skapas och återskapas finns andra graffitimålningar – till exempel uppenbara förebilder såsom Seens och Dusters målning som främst exponerats genom filmen *Style Wars*, men också en hel rad andra mindre bemärkta målningar i samma geografiska kontext, av samma, men också av andra upphovspersoner. Geografiskt finns också flera kontexter – för det första platsen Bromsten där det förutom *Fascinate* och andra mer eller mindre permanenta målningar under en period fanns en öppen graffitivägg, för det andra ett stråk som utgörs av pendellinjen. *Fascinates* visuella ekologi innehåller också intermediala relationer, dels en relation till det ovan nämnda verket i *Style Wars* genom exponeringen av tillkomstprocessen i boken *Graffiti: ett gäng hip hopare och deras konst*, dels (genom samma exponering) en relation till boken *Spraycan Art*. Det sistnämnda är också exempel på några av de många olika mediala rematerialiseringar av målningen. I frånvaro av systematiskt konstinstitutionellt engagemang kan dessa rematerialiseringar sägas fylla en museal funktion – *Fascinate* förmedlas till en bredare offentlighet, exponeras, bevaras, kontextualiseras och betitlas som verk genom boken *Graffiti: ett gäng hip hopare och deras konst*.

Slutligen har jag konstaterat att samma objekt, i detta fall *Fascinate*, i en kontext kan vara otrygghetsskapande vandalisering och i ett annat vara ett bevarandevärt kulturarv, och verkets friktion inom och mellan dessa två kontexter på nytt återskapade verket – denna gång som en patinerad antikvitet.

Noter

1. Staffan Jacobson, *Den spraymålade bilden: graffitimåleriet som bildform, konströrelse och läroprocess*, Aerosol Art Archives, Diss. Lund : Lunds Universitet, 1996, s. 169. Filmen omnämns bland annat på Wikipedias beskrivning av hiphop. För en intressant återblick på arbetet med filmen se Robbie Busch, "Yarns of Yard and the Movie that Must Be Stopped", publicerad i *Wax Poetics Anthology Volume 1*, Wax Poetics Books, Brooklyn, 2007. Idag är den också en referenspunkt i många samtal om graffiti, liksom i berättelser om hur det postmoderna och subkulturella

fenomen som idag kallas graffiti går från att vara en lokal företeelse i New York till en internationell subkultur med fäste i stora delar av världen.

2. Björn Holm, "Gärna repris om graffiti", *Expressen*, 1984-09-22

3. TV1 sände denna dag mellan 16.30 och 22.20, och TV2 17.20 och 23.20

4. Style Wars gick i repris den 31 januari 1994, kl. 22.00. Repriseringen tycks inte ha gett upphov till några artiklar, och filmen tycks överlag ha en betydligt mindre central position i teve-utbudet. Filmen visades också dagligen på Liljevalchs konsthall under en utställning med graffitimåleri som pågick hösten 1985. Se Louise Robbert & Pia Sundqvist (red.), *Amerikanskt 80-tal: måleri, skulptur, textil*, Liljevalchs konsthall, Stockholm, 1985 (utställningen pågick 15 november 1985 till 6 januari 1986).

5. Enligt Nationalencyklopedin hade 5% av svenska hushåll videobandspelare 1980 för att 1986 ha ökat till 25 %. Att spela in program på teve för att senare kunna spela upp dessa kallas "time shifting" och var enligt Nationalencyklopedin videobandspelarens huvudsakliga användning. Se *Nationalencyklopedin*, video. http://www.ne.se.ezp.sub.su.se/uppslagsverk/encyklopedi/lång/video (hämtad 2017-08-13).

6. 2003 gjordes en uppföljande film med namnet *Style Wars Revisited*, där filmskaparna återbesöker vissa av de medverkande, tjugo år efteråt. *Style Wars* och *Style Wars Revisited* har bland annat visats på Stockholms filmfestival 2003. Se Jacob Kimvall, "Konst på stickspår", *Cinema*, 2003 års programtidning för Stockholms Filmfestival.

7. Henry Chalfant & Tony Silver, *Style Wars*, 1983. Transkribering av filmens textning (17:59-18:18) från DVD släppt cirka 2013

8. Jag tänker här på främst på målningarna "Seen Mitch" (1980) och "Mad Seen" (1980) båda publicerade i Martha

Cooper & Henry Chalfant, *Subway art*. Thames & Hudson, London, 1984, s. 75-75 samt s. 78-79. Se även Martha Cooper *Hip Hop Files: Photographs 1979-1984*. From Here To Fame, Köln, 2004

9. En sökning på graffiti på de två nätbokhandlarna Adlibris och Bokus ger idag (2017-08-26) 630 respektive 760 träffar. I den nationella svenska bibliotekskatalogen ger samma sökord 800 träffar. Ingen av dessa sökträffar bör anses komplett och den internationella utgivningen av böcker och tidskrifter om graffiti är sannolikt betydligt mer omfattande. De ger dock en fingervisning om hur pass omfattande denna utgivning är. Bland de mest spridda böckerna återfinns sannolikt ovan nämnda *Subway Art*, som redan 2009 uppgavs ha sålts i över en halv miljon exemplar. Se Niko Koppel, "Showcase: 'Subway Art'", *New York Times*. 2009-06-12 http://lens.blogs.nytimes.com/2009/06/12/showcase-5/?_r=0 [hämtad 2016-05-26]

10. Jag har tidigare i ett par artiklar diskuterat denna utveckling lite mer ingående, se till exempel Jacob Kimvall, "La Vita (E Oltre) Dei Graffiti / The Lives and Afterlives of street and graffiti art", *1984. Evoluzione e rigenerazione del writing*, Modena, 2016 (katalogtext till utställning på Galleria civica di Modena alla Palazzina dei Giardini)

11. Susan Stewart, "Den här dödar den där. Graffiti som konst och som brott", *Tidskriften 90-tal #4, 1991*, s.128

12. Jacobson, 1996, s. 51. Se även Austin, Joe, *Taking the train: how graffiti art became an urban crisis in New York city*, Columbia University Press, New York, 2001, s. 249-266 samt Jacob Kimvall, *The G-Word: Virtuosity and Violation, Negotiating and Transforming Graffiti*, Dokument Press, Diss. Stockholm : Stockholms universitet, 2014, s. 37-40

13. Gregory J. Snyder, *Graffiti Lives: Beyond the Tag in New York's Urban Underground*, New York University Press, New York, 2009 s. 153

14. W. J. T Mitchell definierar visuell materialitet på ett koncist och samtidigt brett sätt i sin studie *What do Pictures Want?: the Lives and Loves of Images*, University of Chicago Press, Chicago, 2005, s.108: "[Images] are always embodied in material objects, in things, whether stone, or metal, or canvas, or celluloid, or in the labyrinth of the lived body and its memories, fantasies, and experiences." Intressanta diskussioner om hur "bilder får fötter" och rör sig mellan olika material och medier finns även i samma verk på sidorna 31-32 samt i hans analys av Spike Lees film *Bamboozled* på sidorna 294-308. Bia Mankell diskuterar också medial och visuell materialitet (delvis utifrån Mitchell). Se Bia Mankell, *Bild och materialitet: om föreställningar, synsätt, material och uttryck i måleri, teckning och fotografi*, Studentlitteratur, Lund, 2013 s. 39-44

15. Det bör också påpekas att denna cirkulering ofta också bygger på flera lager av materialiseringar. När det gäller en bok som *Subway Art* så har målningarna först fotograferats med analog film, och sedan genomgått en likaledes analog layout och repro-process, där de bland annat försetts med bildtexter, och sedan tryckts på papper och bundits till böcker, som sedan distribuerats via bokhandel och bibliotek ut till läsare.

16. Dan Karlholm, "Vetenskapens vardag", s. 99. Publicerad i Peter Gillgren, Britt-Inger Johansson, Hans Hayden & Eva Hessman (red.). *8 kapitel om konsthistoriens historia i Sverige*. Raster, Stockholm, 2000

17. Karlholm, 2000, s. 97

18. Donald Sassoon (2001). *Mona Lisa: the History of the World's Most Famous Painting*. London: HarperCollins. Se särskilt kapitlen "The Cult of Leonardo" (där författaren påpekar att Mona Lisa saknas i en bild som visar ett urval av Louvrens målningar) och "Lisa Goes Pop". Boken finns även

på svenska (2005). *Mona Lisa: den fängslande historien om världens mest berömda målning.* Stockholm: Forum

19. Kimvall, 2014, s. 55-65. Det går att peka på enskilda stora utställningar och ifrågasätta påståendet att det konstinstitutionella engagemanget för graffiti (och gatukonst) är bristfälligt. Jag har själv argumenterat för att graffiti har en lång konstinstitutionell historia, och denna ofta underskattas. Samtidigt så bör det påpekas att det i alla fall inte ännu tycks finnas några konstinstitutioner som just på ett systematiskt sätt samlar verk och bygger upp kunskap om fenomenen.

20. Linda Nochlin, *Representing women*, Thames & Hudson, London, 1999, s. 8 (författarens översättning).

21. Michael Ann Holly, "Of Origins Known and Unknown", *Subjectivity and Methodology in Art History* (red. Dan Karlholm och Margareta Rossholm Lagerlöf), Stockholm 2003, s. 20

22. Se till exempel Snyder, 2009, s. 149. Snyder beskriver också hur tittandet på filmerna *Style Wars* och *Wild Style* liksom läsandet av böckerna *The Faith of Graffiti*, *Subway Art* och *Spraycan Art* är en del av hans bildningsgång för att bli graffitikännare. Se Snyder, 2009, s. 1. Se även Elisa Bordin, "Graffiti Goes to Italy: Weaving Transnational Threads of All Sizes and Colors", i Sina A. Nitzsche och Walter Grünzweig (ed.), *Hip-Hop in Europe: Cultural Identities and Transnational Flows*. LIT Verlag, Münster, 2013.

23. Sonja Neef, "Killing Kool: The Graffiti Museum", i *Art History* 30:3, 2007 (författarens översättning)

24. Katja Glaser, "The 'Place to Be' for Street Art Nowadays is no Longer the Street, it´s the Internet", i Pedro Soares Neves & Daniela V. de Freitas Simões, *Street Art & Urban Creativity Scientific Journal, Places and non Places Vol. 1 / N° 2*, 2016

25. Jag har fått påpekat att detta koncept både till uttryck och innehåll påminner om bildekologi (Ecology of Images), ett begrepp som Sunil Manghani lånat av Susan Sontag och sedan utvecklat vidare. Jag tänker dock att själva föreställningen om en ursprunglig materiell målning, och de kommande bildernas indexikala relation till denna skiljer koncepten åt. Det är dock möjligt att det jag beskrivit ovan i framtiden skulle gå att utveckla i relation till Manghanis begrepp. Se Sunil Manghani, *Image Studies: Theory and Practice*, Routledge, Abingdon, Oxon, 2013, s. 35. Se även Anna Dahlgren, *Travelling Images: Looking Across the Borderlands of Art, Media and Visual Culture*, Manchester, 2018, s. 5-6

26. Denna idé om figurer som leder åskådaren in i målningen är för min del hämtad från Margaretha Rossholm Lagerlöf, "The Implied Viewer", *Subjectivity and Methodology in Art History* (red. Dan Karlholm och Margareta Rossholm Lagerlöf), Stockholm 2003, s. 157 samt 168-171

27. Circle har också nämnt Style Wars och specifikt Seen som hans och Weirds viktigaste förebilder. Se Björn Engberg, Bromsten: *25 år av bombing & burners*, Moon Space Books, Stockholm, 2012, s. 19.

28. Olle Niklasson "Uppåt väggarna", *Filter* Nr. 18, februari & mars, 2011

29. Johanna Sundin, "Konst på burk", *Kommunalarbetaren* Nr. 8/1993, *Kulturkvarten* i P1, 1993-03-04, *ABC-nytt* i SVT 2, 1993-05-28. Det sistnämnda inslaget finns tillgängligt på YouTube (där det har över 100000 visningar): <https://www.youtube.com/watch?v=qTpVnVY71rM> [hämtad 2017-10-14]

30. Per-Olof Sännås, *Graffiti: ett gäng hip hopare och deras konst*. Action bild, Enskede, 1993, s. 112-115. Denna bok kom efter konstvetaren Staffan Jacobsons *Spraykonst – graffiti från tecken till bild* (1990)

31. I Sännås bok finns också en bild när några av de ungdomar som författaren följt sitter och tittar på *Style Wars*, och intressant nog då just från stycket med Seen och Dust. Se Sännås, 1993, s. 31

32. Henry Chalfant & James Prigoff, *Spraycan art*, Thames and Hudson, London, 1987, s. 94-95

33. Sännås, 1993, s. 112

34. Jöran Stridbeck, "Om 20 år kanske publiken betalar miljoner för klotter", *Expressen* 1990-01-15.

35. Tomas Wikström & Lina Olsson, *Stadens möjligheter: platser och stråk*, Tita-projektet, Region Skåne, Malmö, 2012. I reportaget i *ABC-nytt* beskrivs också Circle och Tarik som "kungarna på Kungsängen-linjen". Se ABC-nytt, 1993

36. Björn Engberg, *Bromsten: 25 år av bombing & burners*, Moon Space Books, Stockholm, 2012

37. Engberg, 2012, s. 179. Med öppen graffitivägg menas här en vägg som det är tillåtet att måla graffiti på. Ibland används begreppen fame, eller laglig graffitivägg för att beteckna denna typ av plats och verksamhet. För en mer omfattande diskussion om öppna väggar generellt se Erik Hannerz & Jacob Kimvall, 2018, "'Keep Fighting Malmö'- Graffiti and the negotiations of interests and control at Open walls", i Pål Brunnström (red), *Creating the city – Identity, memory and participation. Conference proceedings*, Malmö universitet, Malmö University Publications in Urban Studies (MAPIUS), 2019

38. Maja Willén, *Berättelser om den öppna planlösningens arkitektur [Elektronisk resurs] : en studie av bostäder, boende och livsstil i det tidiga 2000-talets Sverige*, Sekel, Diss. Stockholm : Stockholms universitet, 2012

39. Stadsbyggnadskontoret, "Bromstens industriområde – program för stadsutveckling" (Dnr 2006-07203-53), Stockholms stad, Stockholm, 2008

40. Stadsbyggnadskontoret, 2008

41. Stadsbyggnadskontoret, 2008

42. Kimvall, 2014

43. Mats Franzén, Nils Hertting & Catharina Thörn, *Stad till salu: entreprenörsurbanismen och det offentliga rummets värde*, Daidalos, Göteborg, 2016, s. 9

44. Två tydliga och mer närliggande exempel på det sistnämnda är Stavangers *NuArt* och Borås *NoLimit*, där det skett massiva satsningar på laglig gatukonst i form av återkommande festivaler med offentligt stöd. Franzén, Hertting och Thörn diskuterar även Stockholms från 2014 förändrade syn på graffiti i denna kontext. Se Franzén, Hertting & Thörn, 2016, s. 362-363

45. Kimvall, 2014, s. 105-106

46. Kimvall, 2014, s. 122-133

47. Protokoll från Stadsbyggnadsnämnden, Stockholms stad, 2008-11-20 (justerat den 2 december 2008, och anslaget den 3 december 2008)

48. Natalie Roos Holmborg, "Politiker går emot skydd av graffiti", *Dagens Nyheter*, 2008-11-05

49. Se till exempel Jacob Kimvall, "The Scandinavian Zero Tolerance on Graffiti", i Bertuzzo, Eliza (red.), *Kontrolle öffentlicher Räume: Unterstützen Unterdrücken Unterhalten Unterwandern*, LIT, Berlin, 2013

50. Sökning i Mediearkivet från Retriever (2017-08-09). Med mindre begränsade sökningar blir antalet träffar förstås betydligt fler, men inte så mycket tidigare. Med sökorden Fascinate graffiti (utan Bromsten) och urvalet utökat till alla svenska källor så ökar antalet träffar till 145. Den äldsta träffen är dock i januari 2007

51. I det tidigare nämnda inslaget i ABC-nytt så omnämns till exempel *Fascinate* endast som en målad vägg i Bromsten. Se ABC-nytt, 1993

52. Roos Holmborg, 2008

53. UU, "Bromsten är känt för sin graffiti", *Dagens Nyheter*, 2008-11-05

54. Mia Tottmar, "Frisläppt å lyfter ny stadsdel - Spångaån. Nu släpps vattendraget upp ur sin kulvert", *Dagens Nyheter*, 2015-11-02

Referenser

ABC-nytt (1993). <https://www.youtube.com/watch?v=qTpVnVY71rM> [hämtad 2017-10-14]

Austin, Joe, *Taking the train: how graffiti art became an urban crisis in New York city*, Columbia University Press, New York, 2001

Bordin, Elisa, "Graffiti Goes to Italy: Weaving Transnational Threads of All Sizes and Colors", i Nitzsche, Sina A. och Grünzweig, Walter (ed.), *Hip-Hop in Europe: Cultural Identities and Transnational Flows*. LIT Verlag, Münster, 2013

Bravo, Vee, "Henry Chalfant – Granddaddy of the Graff Flick", *Stress*, Nr. 13, 1998

Busch, Robbie "Yarns of Yard and the Movie that Must Be Stopped", publicerad i *Wax Poetics Anthology Volume 1*, Wax Poetics Books, Brooklyn, 2007

Chalfant, Henry & Silver, Tony, *Style Wars*, 1983. Transkribering av filmens textning (17:59-18:18) från DVD släppt cirka 2013

Chalfant, Henry & Prigoff, James, *Spraycan Art*, Thames and Hudson, London, 1987

Cooper, Martha & Chalfant, Henry, *Subway Art*, Thames & Hudson, London, 1984

Cooper, Martha, *Hip Hop Files: Photographs 1979-1984*. From Here To Fame, Köln, 2004

Dahlgren, Anna, *Travelling Images: Looking Across the Borderlands of Art, Media and Visual Culture*, Manchester, 2018

Engberg, Björn, *Bromsten: 25 år av bombing & burners*, Moon Space Books, Stockholm, 2012

Franzén, Mats, Hertting, Nils & Thörn, Catharina, *Stad till salu: entreprenörsurbanismen och det offentliga rummets värde*, Daidalos, Göteborg, 2016

Glaser, Katja, "The 'Place to Be' for Street Art Nowadays is no Longer the Street, it's the Internet", i Soares Neves, Pedro & de Freitas Simões, Daniela V., *Street Art & Urban Creativity Scientific Journal, Places and non Places Vol. 1 / N° 2*, 2016

Hannerz, Erik & Kimvall, Jacob, "'Keep Fighting Malmö'- Graffiti and the negotiations of interests and control at Open walls", i Brunnström, Pål (red.), *Creating the city – Identity, memory and participation. Conference proceedings*, Malmö universitet, Malmö University Publications in Urban Studies (MAPIUS)

Holm, Björn, "Gärna repris om graffiti, *Expressen*, 1984-09-22

Jacobson, Staffan, *Spraykonst: graffiti från tecken till bild*, Kalejdoskop, Åhus, 1990

Jacobson, Staffan, *Den spraymålade bilden: graffitimåleriet som bildform, konströrelse och läroprocess*, Aerosol Art Archives, Diss. Lund : Lunds Universitet, 1996

Karlholm, Dan & Rossholm Lagerlöf, Margareta, *Subjectivity and Methodology in Art History*, Stockholm, 2003

Karlholm, Dan, "Vetenskapens vardag", kapitel i Gillgren, Peter, Johansson, Britt-Inger, Hayden, Hans & Hessman, Eva (red.), *8 kapitel om konsthistoriens historia i Sverige*, Raster, Stockholm, 2000

Kimvall, Jacob, "Konst på stickspår", *Cinema, 2003 års programtidning för Stockholms Filmfestival,* 2003

Kimvall, Jacob, "Graffitiarven – verdt å verne?", *Fortidsvern* Nr. 4, 2008

Kimvall, Jacob, *Noll tolerans: kampen mot graffiti,* Verbal, Stockholm, 2012

Kimvall, Jacob, "The Scandinavian Zero Tolerance on Graffiti", i Bertuzzo, Eliza (red.), *Kontrolle öffentlicher Räume: Unterstützen Unterdrücken Unterhalten Unterwandern,* LIT, Berlin, 2013

Kimvall, Jacob, *The G-Word: Virtuosity and Violation, Negotiating and Transforming Graffiti,* Dokument Press, Diss. Stockholm : Stockholms universitet, 2014

Kimvall, Jacob, "La Vita (E Oltre) Dei Graffiti / The Lives and Afterlives of street and graffiti art", katalogtext till utställning på Galleria civica di Modena alla Palazzina dei Giardini 1984. Evoluzione e rigenerazione del writing, Modena, 2016

Koppel, Niko "Showcase: 'Subway Art'", *New York Times,* 2009-06-12 <http://lens.blogs.nytimes.com/2009/06/12/showcase-5/?_r=0> [hämtad 2016-05-26]

Manghani, Sunil, *Image Studies: Theory and Practice,* Routledge, Abingdon, Oxon, 2013

Mankell, Bia, *Bild och materialitet: om föreställningar, synsätt, material och uttryck i måleri, teckning och fotografi,* Studentlitteratur, Lund, 2013

Mitchell, W. J. T., *What do Pictures Want?: the Lives and Loves of Images,* University of Chicago Press, Chicago, 2005

Nationalencyklopedin, "video". <http://www.ne.se.ezp.sub.su.se/uppslagsverk/encyklopedi/lång/video> (hämtad 2017-08-13).

Neef, Sonja, "Killing Kool: The Graffiti Museum", i *Art History* 30:3, 2007

Niklasson, Olle, "Uppåt väggarna", *Filter* Nr. 18, februari & mars, 2011

Nochlin, Linda, *Representing women*, Thames & Hudson, London, 1999

Robbert, Louise & Sundqvist, Pia (red.), *Amerikanskt 80-tal: måleri, skulptur, textil : [från] Neue Galerie, Sammlung Ludwig Aachen* : [15 november 1985- 6 januari 1986], Liljevalchs konsthall, Stockholm, 1985

Roos Holmborg, Natalie, "Politiker går emot skydd av graffiti", *Dagens Nyheter*, 2008-11-05.

Sassoon, Donald, *Mona Lisa: den fängslande historien om världens mest berömda målning*. Forum, Stockholm, 2005.

Sassoon, Donald, *Mona Lisa: the history of the world's most famous painting*, HarperCollins London, 2001.

Snyder, Gregory J., *Graffiti Lives: Beyond the Tag in New York's Urban Underground*, New York University Press, New York, 2009

Stadsbyggnadskontoret, "Bromstens industriområde – program för stadsutveckling" (Dnr 2006-07203- 53), Stockholms stad, Stockholm, 2008.

Stadsbyggnadsnämnden, Protokoll från Stadsbyggnadsnämnden, Stockholms stad, 2008- 11-20 (justerat den 2 december 2008, och anslaget den 3 december 2008).

Stewart, Susan, "Den här dödar den där. Graffiti som konst och som brott", *Tidskriften 90-tal* Nr. 4, 1991

Stridbeck, Jöran, "Om 20 år kanske publiken betalar miljoner för klotter", *Expressen* 1990-01-15.

Sundin, Johanna, "Konst på burk", *Kommunalarbetaren* Nr. 8/1993

Sännås, Per-Olof, *Graffiti: ett gäng hip hopare och deras konst*, Action bild, Enskede, 1993.

Wikström, Tomas & Olsson, Lina, *Stadens möjligheter: platser och stråk*, Tita-projektet, Region Skåne, Malmö, 2012

Willén, Maja, *Berättelser om den öppna planlösningens arkitektur [Elektronisk resurs] : en studie av bostäder, boende och livsstil i det tidiga 2000-talets Sverige*, Sekel, Diss. Stockholm : Stockholms universitet, 2012

Tottmar, Mia, "Frisläppt å lyfter ny stadsdel - Spångaån. Nu släpps vattendraget upp ur sin kulvert", *Dagens Nyheter*, 2015-11-02.

UU, *Kulturkvarten* i P1, 1993-03-04

UU, "När tunnelbanan blir konstgalleri", *Svenska Dagbladet*, 1984-09-21

UU, "Bromsten är känt för sin graffiti", *Dagens Nyheter*, 2008-11-05

Att kontextualisera arkitektur: Bauhausskolans gestaltade miljö
Anna Ingemark

Inledning

Det finns knappast en översiktsbok som rör 1900-talets arkitektur eller design som inte nämner Bauhausskolan – vilken betraktas som en viktig förnyare inom designpedagogiken och hela det estetiska fältet. Skolan grundades 1919 i tyska Weimar av arkitekten Walter Gropius (1883–1969) med syftet att förena konst, konsthantverk, design och arkitektur utifrån den nya tidens förutsättningar. Namnet *Staatliches Bauhaus* kommer från grundarens vision om att ha verkstäder i olika hantverk som tillsammans skapade en helhet, med inspiration från medeltiden och *Arts&Crafts*-rörelsen som uppstod i England i mitten av 1800-talet.[1] Gropius knöt till sig flera av tidens avantgardekonstnärer, som Paul Klee och Wassily Kandinsky, för att undervisa eleverna i färg, form och skissteknik. Därefter fördjupade sig eleverna i ett material eller hantverk med hjälp av mästarna (huvudlärarna) i en av verkstäderna – man kunde exempelvis ägna sig åt möbeldesign, vävning, keramik, metallarbeten och bokbinderi. Trots att Gropius betonade byggnadskonstens betydelse redan i sin programförklaring är

---

Hur du refererar till det här kapitlet:
Ingemark, A. 2019. Att kontextualisera arkitektur: Bauhausskolans gestaltade miljö. I Hayden, H. (ed.) *Kontextualisering. Teoretiska tillämpningar i konstvetenskap: 2.* Pp. 121–141. Stockholm: Stockholm University Press. DOI: https://doi.org/10.16993/baw.e. License: CC-BY 4.0

1919 dröjde det ända till 1927 innan arkitektur fick en mer framträdande position vid skolan.[2] De estetiska uttryckssätten visade på en mångfald och utöver de mer traditionella hantverken sysslade man med typografi, reklam, fotografi och scenkonst på en skola som förefaller ha sjudit av kreativitet. Efter en mer hantverksbetonad fas blev anpassningen till den moderna maskintillverkningens krav så småningom mera påtaglig, även om förhållningssättet genomgående präglades av en progressiv, experimenterande anda. Trots att skolan bara var verksam i 14 år hann den både förändras en hel del och göra stora avtryck på utvecklingen. Bauhaus flyttades även rent geografiskt; först låg den som sagt i Weimar, därefter i Dessau (1925–1932) och till sist en kort period i Berlin innan nazisterna 1933 satte stopp för skolan som ansågs radikal och vänsterorienterad.[3]

Verksamheten, människorna, byggnaderna och föremålen turas om att stå i fokus i den omfattande litteraturen om skolan – men det är ändå ett begränsat urval berättelser och bilder som återkommande får representera något som i själva verket är oerhört mångfacetterat. En av de bilder som ofta får illustrera Bauhaus är huvudbyggnaden i Dessau med namnet Bauhaus i Herman Bayers karakteristiska typsnitt lodrätt längs den gråputsade väggen. Inte sällan är det ett svartvitt fotografi, utan människor och utan någon antydan om närliggande bebyggelse.[4] Det inger en känsla av vakuum. Som om det inte fanns någon kontext – vare sig materiell eller immateriell. Så är det naturligtvis inte. Men utan någon förkunskap (eller tillgång till en kontext) är det inte självklart varför denna nedtonade, fabriksliknande

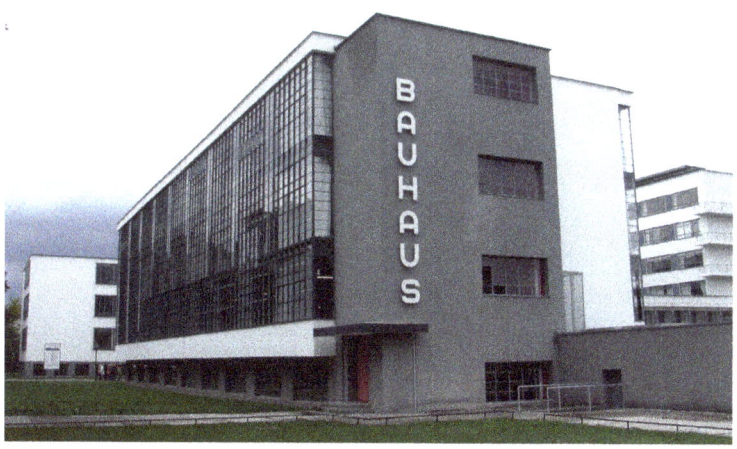

Bild 1. Bauhausskolans huvudbyggnad i Dessau från 1925. Fotograf: Dr. Volkmar Rudolf/Tilman2007. Wikimedia Commons. Licens: GNU Free Documentation License eller CC BY-SA 3.0

struktur betraktas som en milstolpe inom såväl arkitektur- som designhistoria.[5]

Fotohistorikern Robert Elwall menar att det finns ett nära samband mellan modernismens arkitektur och det moderna fotografiet, där det sistnämnda var oerhört viktigt för att föra fram det nya arkitekturidealet med sitt enkla, geometriska formspråk.[6] Denna estetik och framställning kan emellertid medföra att byggnaden reduceras till en visuell artefakt utan sin egentliga funktion eller betydelse.

Ett byggnadsverk kommunicerar omedelbart något till betraktaren eller brukaren – genom sitt uttryck, sin funktion och placering – men är även en del av ett större sammanhang. Det är inte sällan just i relation till omgivningen som ett objekts betydelse framträder. På samma sätt som en byggnad är infogad i landskapet eller i gaturummet, kan den också vara införlivad i en verbal och visuell diskurs.

Byggnadens kontext kan enligt det synsättet bestå av såväl stadsbilden som en historisk epok eller en arkitekturteoretisk ram. Man skulle kunna tala om en *platsbunden* respektive en *diskursiv kontext*. Den förstnämnda utgår från den fysiska miljön – platsen – medan den sistnämnda snarare kan kopplas till tankar, föreställningar eller ideal.

För att förstå vår gestaltade miljö, alltifrån stadsplanering och arkitektur till inredning och design, behöver vi sätta in den i ett sammanhang – en kontext. I föreliggande kapitel vill jag se närmare på hur kontexten kan påverka tolkningen, men även tydliggöra hur man kan utföra en arkitekturanalys, med utgångspunkt i Bauhausskolan i Dessau från omkring 1925.

Modernismens kontexter

Verksamheten vid Bauhaus, men även dess arkitektur, har i historieskrivningen framhållits som en avgörande faktor i framväxandet av den riktning vi kallar för modernismen.[7] Det är därför en given utgångspunkt att tolka Bauhaus mot bakgrund av modernismens förutsättningar och särdrag.

Grundläggande för att förstå modernismen och dess uttryck är naturligtvis industrialismens intåg under senare delen av 1700-talet som så genomgripande kom att förändra många människors liv avseende arbete, boende, förflyttning och konsumtion. Bruksföremål började i allt högre grad maskintillverkas, vilket möjliggjordes av en lång rad innovationer inom teknik och material. 1800-talets byggnader och föremål, inte sällan med helt nya funktioner, kläddes gärna i tillbakablickande stilar såsom nyrenässans eller nybarock. Så småningom kom reaktionen mot denna historicism (eller stilkavalkad) som uppfattades som otidsenlig, slentrianmässig och rent av falsk. Man sökte efter ett formspråk, frikopplat från alla historiska förebilder, som var bättre lämpat för den nya tiden och dess massproduktion. Kring sekelskiftet 1900 ökade även urbaniseringen explosionsartat som en följd av den alltmer utbredda industrialiseringen. Detta ledde till bostadsbrist och trångboddhet med stor smittspridning och snart uppstod ett skriande behov av att förse människor med moderna, hygieniska bostäder.

I början av 1900-talet medverkar så olika företeelser och föregångsgestalter till en estetik präglad av rationell enkelhet och standardisering. Arkitekten Louis Sullivans (1856–1924) bevingade ord *form follows function* blev viktiga ledord i en strävan efter att framhäva funktionen och förenkla det visuella uttrycket (även om uttrycket myntades i en annan kontext).[8] Målet var att omsätta de tekniska framstegen i funktionella, tilltalande föremål och byggnader för den stora allmänheten och deras liv.

Man skulle kunna säga att modernismens arkitekter strävade efter en frihet från kontext – platsen, historien och det traditionella formförrådet spelade enligt företrädarna mindre roll. Det aktiva avståndstagandet från äldre traditioner avspeglades såväl tekniskt, estetiskt som språkligt eller retoriskt. Frigörelsen förutsatte ett slags *tabula rasa* (ett oskrivet blad) vilket möjliggjordes genom städernas expansion och sanering. Strategin att göra sig av med det förlegade, icke-funktionella för att ge plats åt det nya ändamålsenliga, visar inte minst på uppfattningen om den moderna människans behov. Men denna avskalade, detaljfattiga arkitektur är kanske paradoxalt nog mer beroende av att man förstår idéerna bakom än de historicerande, rikt dekorerade byggnader som dominerat stadsrummet i flera sekler.

Modernismen är samtidigt mer komplex än man vid första anblicken kanske förstår och kan ses ur flera perspektiv. Ett sätt att öka förståelsen för modernismen kan vara att titta närmare på arkitekternas och formgivarnas inspirationskällor, visioner eller ledbilder. Den banbrytande arkitekten Le Corbusier (1887–1965) bejakade teknologins framsteg och var likt futuristerna fascinerad av fordon och maskiner. I flera sammanhang lyfte Le Corbusier fram fartyget, inte minst *atlantångaren* – stora fartyg som gick mellan Europa och Amerika – som en förebild. Här återfinns detaljer och ett formspråk som avspeglas i funktionalismens byggnader, så som fönsterband, rena vita ytor, relingen och det vidsträckta soldäcket (omtolkat i bostadshusens terrasser och balkonger med sina metallräcken). Men Le Corbusier menade även att fartygets rader av likadana ytsnåla, effektivt inredda och hygieniska förstaklasshytter var en utmärkt modell för framtidens boende – med små, välplanerade lägenheter staplade på varandra i höga hus omgivna av ljus och grönska. Detta nya bostadsideal speglas av hans föreställning om bostaden som en maskin att bo i.[9]

Arkitekturen vid Bauhausskolan i Dessau

När Bauhausskolan av politiska skäl flyttade från Weimar till Dessau år 1925 innebar det en nystart –

inte bara för själva verksamheten utan även för möjligheten att uppföra byggnader specifikt utformade för sitt ändamål. Jämte en strid ström av utställningar och andra programförklaringar kunde man här manifestera Bauhaus idéer i byggd form. Bärande var den modernistiska tanken om en rationell, standardiserad bebyggelse som Walter Gropius hade anammat.[10] Det var också han som ritade den nya huvudbyggnaden, vilken skulle visa på skolans visioner och strävan efter att ligga i framkant. Den strama byggnaden, bestående av lätt förskjutna ljusputsade volymer och en rasterliknande, fritt hängande glasfasad (en s.k. *curtain wall*) som exponerade skolans febrila skapande i verkstäder avsedda för alltifrån möbelsnickeri till silversmide och vävning.[11] Inspirationen kom inte minst från Gropius arbete med den innovativt konstruerade skolästfabriken Fagus som han utformat i samarbete med Adolf Meyer år 1911. Här hade man brutit upp det tidigare massiva murverket med stora glasytor, vilket ansågs revolutionerande och kom att inspirera många efterföljare.

Till skillnad från äldre offentliga byggnader i den här skalan saknade den nya Bauhausbyggnaden såväl en uppenbar huvudfasad som en tydligt markerad entré. Den asymmetriska, delvis transparenta huskroppen skulle signalera något nytt, mindre hierarkiskt och mera demokratiskt.[12] Gropius själv betonade gärna skolans logiska uppbyggnad – bestående av flera funktionsseparerade delar – och lät bland annat ta flygfotografier för att tydliggöra planens utformning. Den iögonenfallande glasfasaden, som vette ut mot gatan, var ytterligare en aspekt av arkitekturen som lyftes fram i representationen –

vars uttalade syfte var att lansera den nya eran i Bauhaus verksamhet.[13] I samband med invigningen beskrevs byggnaden så här; "/.../a cube of light which was delineated in all its transparency by the iron grid of its exterior structure."[14] Det är inte svårt att tänka sig hur man i den lilla staden Dessau med sin traditionella bebyggelse måste ha uppfattat detta nytillskott i stadsbilden. Interiören präglades också av det ljusa, luftiga idealet med flexibilitet som ledord. Färgsättningen var inte så monokrom som man kanske föreställer sig, utan färger som blått, gult och rött präglar de annars odekorerade ytorna.

Marcel Breuer (1902–1981), mästare för möbelverkstaden, fick uppdraget att formge inredningen till de nya lokalerna. Han hade samma år som flytten börjat experimentera med stålrörsmöbler – troligen inspirerad av den lätta, starka stålrörsramen på sin nya cykel – och en av de första modellerna var fåtöljen B3. Hela konstruktionen med den avskalade sittdelen upphängd i en stålrörsram bröt tydligt mot de tygklädda, stoppade fåtöljer de flesta var vana vid. Den strama designen signalerade en slags sittmaskin som stämde väl överens med fascinationen för maskiner och maskinproduktion. Dessutom passade stålrörsmöblerna perfekt in i den nya arkitekturen med dess betoning på rymd, lätthet och struktur.[15]

I anslutning till verkstäderna, matsalen och andra mer publika utrymmen inrättades även 28 små korridorsrum i en egen huskropp avsedda för studenter och anställda.[16] Dessa bostadsrum räckte inte till alla som var knutna till skolan och var förmodligen tämligen eftertraktade i all sin enkelhet. En säng, ett

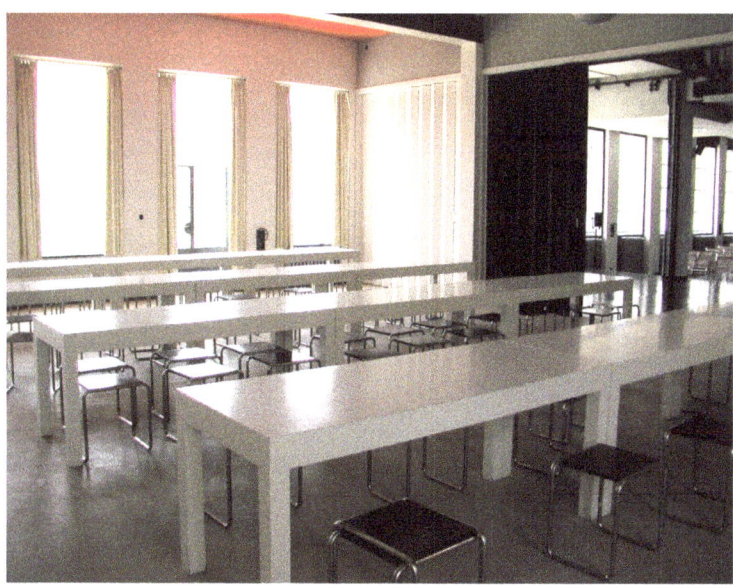

Bild 2. Matsalen intill aulan i Bauhausskolan som inreddes med Marcel Breuers möbler och färgsattes av Hinnerk Scheper. (Bauhaus-Dessau.de). Wikimedia Commons. Licens: fri domän

skrivbord och ett tvättställ var i stort sett det som rymdes – men rummen var även försedda med en liten balkong. De utgjorde med andra ord essensen av en funktionell, ytsnål och hälsosam bostad – helt i enlighet med det boendeideal som hade tagit form under den tidiga modernismen.

För ett litet antal lärare vid Bauhaus fanns möjligheten att få bo lite rymligare i avskildhet, men ändå i närheten av skolan. I en skogsdunge, en kort promenad från huvudbyggnaden, uppfördes en fristående villa avsedd för direktören Gropius själv samt tre parhus med plats för sex mästare och deras familjer. De vita, kubformade volymerna utan dekor, som varierar något inom samma tema, ritades också av Gropius och stod klara 1925–1926. Kontrasten

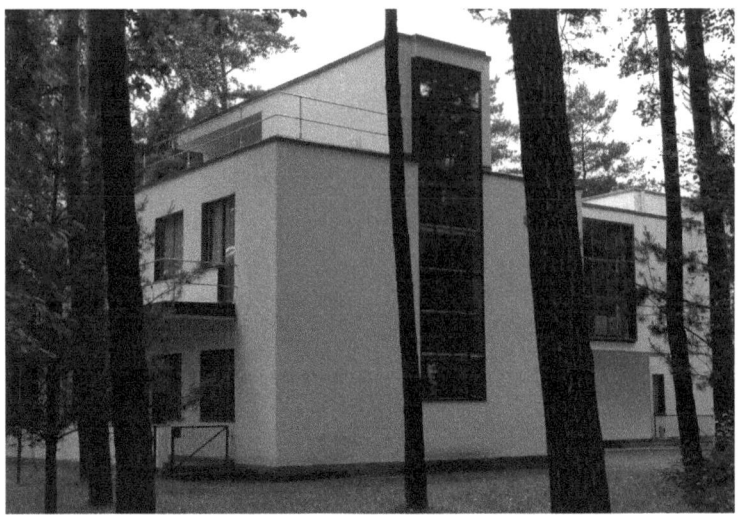

Bild 3. Kandinsky och Klees parhus från 1926. Fotograf: "Harald". Wikimedia Commons. Licens: GNU Free Documentation License eller CC BY-SA 3.0

mellan den moderna arkitekturens räta linjer och omgivningen med sina högresta tallar och traditionella hus med sadeltak var (och är) påfallande.

En samtida besökare beskrev mästarbostäderna så här;

> Everywhere the same purposeful horizontals, the same flat roofs and incisive straight lines of the frameless doors and windows, repeatedly surpassed by the glass wall of a studio. A living-machine objectivity whose coldly uniform essence nevertheless incorporates, as an artistic component, the attractive play of light and shadow set in motion by the not yet grubbed trees." [17]

Husen hade flera bostadsrum, modernt utrustade kök och badrum samt plats för det egna skapandet i rymliga ateljéer. Alla hade dessutom generöst tilltagna terrasser och altaner som komplement till de gemensamma grönytorna. De luftiga, men djärvt färgsatta, interiörerna skilde sig också radikalt från de flesta rikt dekorerade, borgerliga hem under 1920-talet. De första hyresgästerna var László Moholy-Nagy, Lyonel Feininger, Georg Muche, Oskar Schlemmer, Wassily Kandinsky och Paul Klee med hustrur och barn.[18] Alla var ansvariga för olika delar av skolans undervisning, men var också tongivande konstnärer inom det europeiska avantgardet. Precis som deras konstnärliga uttryck varierade sinsemellan syntes individualiteten i de enskilda hemmens inredning och färgsättning.[19] Flera av mästarnas hustrur hade egna kreativa yrken, så som fotografen Lucia Moholy, konstnären Julia Feininger och konsertpianisten Lily Klee, något som naturligtvis avspeglades i det gemensamma boendet.[20]

Mästarbostäderna framstår ibland som ett lite undanskymt bihang till den ikoniska Bauhausbyggnaden, men är i själva verket också intressanta ur flera perspektiv. Det handlade inte bara om att kunna erbjuda lärarna ett boende, utan var också ett sätt för Gropius att i full skala få omsätta sina idéer och lansera de moderna boendeidealen. Mästarbostäderna blev en uppvisning av det modernistiska formspråket där helheten iscensatte den livsstil som Bauhausföreträdarna ville förknippas med. Det var ingen tillfällighet att Gropius, som noggrant regisserade vilken bild av Bauhaus som skulle förmedlas, i sin bok *Bauhausbauten Dessau* (från 1930) valde bort bilder från paret Kandinskys vardagsrum med sitt gammalmodiga möblemang i mörkt träslag till förmån för Moholy-Nagys som konsekvent inrett med Marcel Breuers stålrörsmöbler och Marianne Brandts armaturer.[21]

Att beskriva, tolka och kontextualisera arkitektur

Om man väljer att stanna här har man åstadkommit en skissartad skildring av ett stycke arkitekturhistoria tätt länkad till den berömda arkitekten Walter Gropius och den inflytelserika verksamheten vid Bauhaus. Dessa rader ger läsaren en bild (om än mycket översiktlig) av arkitekturen vid Bauhaus i Dessau kring uppförandetiden. Inbäddade i den kortfattade texten finns en *beskrivning*, en *tolkning* och en *kontextualisering* – tre element som är mer eller mindre sammanlänkade i en arkitekturanalys.

Men hur kan man som konstvetare och arkitekturhistoriker konkret gå till väga för att studera Bauhaus huvudbyggnad och mästarbostäder (eller motsvarande studieobjekt)? En insikt om byggnadens *tillkomsthistoria, placering, form* och *funktion* utgör oftast grunden i en arkitekturanalys.

Det innebär i praktiken att man tar reda på grundläggande fakta kring uppförandeår, tidsepok, arkitekt, beställare, uppförandeprocess, kritiskt mottagande och så vidare för att få en inblick i byggnadens historia. För att kunna beskriva byggnaden och dess tillkomst behöver man även tillgång till en terminologi och en gemensam referensram. Enkelt uttryckt är det så man gör när man studerar ett nytt ämne – man tillägnar sig gradvis fältets språkbruk, förhållningssätt och historiska kanon.[22]

När man kommer till platsen ser man hur huset är placerat i landskapet eller infogat i stadsbilden. Den fysiska miljön, så som topografi, annan bebyggelse och grönområdets gestaltning har onekligen stor betydelse för att förstå ett byggnadsverk. Man uppfattar även byggnadens skala och volym i relation till intilliggande ting – det vill säga det jag kallar en *platsbunden kontext*. Det är också här det tydligast framgår om byggnaden var banbrytande eller uppseendeväckande för sin tid eller plats. Detta går inte sällan förlorat i översiktslitteraturens representationer som i regel enbart fokuserar på byggnadens exteriör utan vare sig omgivning eller brukare. Därmed inte sagt att inte fasaden, husets ansikte, är oerhört viktig för vår förståelse. Här kan man se aspekter som material, konstruktion, funktion, eventuella utsmyckningar och visuellt uttryck eller stil. När man flanerar i en stad är det ett collage av dessa olikartade fasader som vi framförallt uppfattar och läser av i den mån vi kan.

Har man möjlighet är det naturligtvis också önskvärt att se byggnadens inre. En planlösning visar på rummens placering och deras funktion, men ger även en fingervisning om beställarens behov, status och ideal. Interiören kan genom sin rumslighet ge en upplevelse av den ursprungliga funktionen och intentionen. Ett centralt placerat, symmetriskt utformat rum med ansenlig takhöjd och stort ljusinsläpp ger inte samma intryck som ett mindre, spartanskt inrett utrymme intill köksregionerna och har sannolikt tjänat helt olika syften. Vilket ytterligare understryks av inredningsdetaljer, dekor (eller avsaknad av dekor) och färgsättning. I vissa fall finns byggnadselement som originaldörrar kvar, mer sällsynt är det att den föränderliga inredningen i form av möbler och liknande är bevarad – inte minst beroende på byggnadstyp. Då får man utgå från eventuella bilder eller andra beskrivningar för att kunna återskapa en känsla av hur interiören kan ha sett ut vid uppförandetiden. I rekonstruerandet av Bauhaus huvudbyggnad och mästarbostäder har man fått lägga ett sådant pussel efter att det under flera decennier hade förfallit.[23]

När man beskriver ovanstående aspekter har man redan kommit en bra bit på vägen i sin arkitekturanalys. Det kan emellertid vara värt att notera att det är svårt, för att inte säga omöjligt, att i en beskrivning vara helt saklig och inte tangera någon form av tolkning. Välkända byggnadsverk finns emellertid inte bara som fysiska objekt, utan även som *representationer* i exempelvis litteratur och tidskrifter. Ett faktum som inte minst gäller Bauhaus där Walter Gropius var högst medveten om genomslagskraften i utställningar och annan typ av media och styrde såväl den grafiska formen som vilket urval fotografier som fick spridas.[24] Representationen i text eller bild har ofta en längre räckvidd än den faktiska miljön och befäster inte sällan en föreställning om arkitekturhistoriens objekt.[25] Där placeras husen in i ett sammanhang som influerar vår förståelse och införlivas i en *kanon*. Kanon har sitt ursprung i senantiken, då man ställde samman listor över författare eller verk som ansågs omistliga. Även inom arkitekturens område har vissa byggnadsverk upphöjts som ovärderliga eller förebildliga för den samtida praktiken, inte minst genom den arkitekturhistoriska litteraturen. Kanon kan självklart ifrågasättas (och ibland revideras), men bildar en gemensam referensram för arkitekturfältet.[26] Det är också vanligt att man i en arkitekturanalys sätter studieobjektet i relation till arkitekturhistorien för att få en uppfattning om tidsanda, ideal och stil.

Arkitekturens visuella och materiella egenskaper har ibland överskuggat det faktum att det talade och skrivna ordet föregår byggnadsprocessen och i efterhand förklarar och värderar den fullbordade byggnaden.[27] Det offentliga samtalet om arkitektur, i form av exempelvis arkitekturkritik i media, är också en kontext som har stort inflytande på vår uppfattning om en gestaltad miljö.[28] Likaså är arkitekturteoretiska skrifter – oavsett om de är formulerade under samma tid eller ej – ett exempel på det jag har valt att kalla *diskursiv kontext*. Beatriz Colomina, professor i arkitekturhistoria, menar i essän "Architectureproduction" att arkitektur främst skapas av uttolkaren.[29] En byggnad blir arkitektur först efter det att den har analyserats mot bakgrund av den rådande diskursen, som kan bestå av teori, kritik, historia och manifest.[30] För att åter knyta an till det här kapitlets exempel finns det en mängd texter där Gropius och de andra lärarna deklarerar sitt budskap. Uttalanden som "Art and technology: a new unity" har gett nycklar till tolkningen av verksamheten som kanske annars hade uttolkats annorlunda.[31]

De aspekter man väljer ut och vilka man av olika skäl utelämnar påverkar förståelsen, precis som det i varje ord finns en valör som styr läsaren i någon riktning. Ett visst värderande inslag är ibland oundvikligt då valet av objekt eller i vilka ordalag man beskriver något kan innebära en värdering i sig. I andra fall är en värdering snarare önskvärd – exempelvis i en arkitekturkritisk artikel eller i en bevarandediskussion där man argumenterar för sin ståndpunkt. Det är också nästintill omöjligt att beskriva arkitektur utan att infoga byggnaden i ett sammanhang.

Man kan sammanfattningsvis säga att en arkitekturanalys innefattar elementen beskrivning, tolkning och kontextualisering, men att detaljeringsgraden (avseende beskrivning av konkreta arkitekturelement eller liknande) och tonvikten varierar. Analysen kan dessutom påverkas och tyngdpunkten i en studie förskjutas, beroende på i vilken eller vilka kontexter vi väljer att placera in objekten. En arkitekturanalys är således vare sig heltäckande, fullkomlig eller statisk. Detta innebär att tre olika forskare eller skribenter utifrån en och samma byggnad skulle kunna skriva tre sinsemellan tämligen skilda texter beroende på vilken kontext som utgör ramen. Men det handlar också om ur vilket teoretiskt perspektiv man väljer att betrakta och avbilda objektet, vilka frågor man ställer och hur man väljer att strukturera upp texten.[32] Det är kanske värt att ha i åtanke nästa gång vi öppnar en översiktsbok om 1900-talets arkitektur och formgivning och möts av ett monokromt fotografi präglat av geometriska former och räta linjer med Bauhaus välkända namn längs fasaden.

Noter

1. *Arts & Crafts*-rörelsen uppstod i England under mitten av 1800-talet som en reaktion mot industrins massproduktion. En viktig föregrundsgestalt var konstkritikern John Ruskin som pläderade för mera hantverksmässiga ideal, vilket skulle ge mer arbetsglädje, högre kvalitet och vackrare föremål. Idealet var de medeltida byggnadshyttorna och man strävade efter en ärlighet i material och form. Formgivaren William Morris omsatte idéerna i praktiken och medverkade också till att dessa socialestetiska tankegångar fick en spridning. Se t.ex. Susann Vihma, *Designhistoria – en introduktion*, Raster, Stockholm 2003, s. 47-55.

2. Wallis Miller, "Architecture, building and the Bauhaus", *Bauhaus Culture – from Weimar to the Cold*

War, Kathleen James-Chakraborty (ed.), University of Minnesota Press, Minneapolis 2006, s. 63 ff.

3. Se t. ex. Magdalena Droste, *Bauhaus 1919-1933*, Taschen, Köln 1998.

4. Se t. ex. Marilyn Stokstad & Michael W. Cothren, Art History (5:e utgåvan), Pearson, New Jersey 2014, s. 1054 och Droste 1998, s. 122.

5. Se även Michael Benedikt, "Introduction", *Judging Architectural Value*, William S Saunders (ed.), University of Minnesota Press, Minneapolis 2007, s. xxi.

6. Robert Elwall, *Building with light – The International History of Architectural Photography*, RIBA, Merrel, London 2004, s. 120 ff.

7. Miller 2006, s. 63.

8. Se t.ex. Hanno-Walter Kruft, *A History of Architectural Theory – from Vitruvius to the Present*, Princeton Architectural Press, New York 1994, s. 357, där han understryker att uttrycket inte tillkom i en funktionalistisk kontext. Men faktum kvarstår att devisen har använts under den epoken för att förklara den bärande principen.

9. Johan Rådberg, *Drömmen om atlantångaren – Utopier & myter i 1900-talets stadsbyggande*, Atlantis, Stockholm 1997, s. 7ff och Le Corbusier, *Towards a New Architecture (Vers une Architecture* 1923), Architectural Press, Oxford 1989, s. 240.

10. Se vidare i ex. Miller 2006, s. 80.

11. Detta var en av de första byggnaderna som hade den högteknologiska lösningen med en *curtain wall* som snart kom att spridas till fler.

12. Se t.ex. Éva Forgács, *The Bauhaus Idea and Bauhaus Politics*, Central European University Press, Budapest 1995, s. 132-134.

13. Se ex. Droste 1998, s. 121 ff.

14. Droste 1998, s. 122.

15. Droste 1998, s. 123 och Penny Sparke, *The Modern Interior*, Reaktion Books, London 2008, s.154 ff.

16. Forgács 1995, s. 133.

17. Droste 1998, s. 127.

18. Wolfgang Thöner, *The Bauhaus Life – life and work in the master´s houses estate in Dessau*, 2006, s. 5, 20.

19. Christian Wolsdorff, "Bauhaus buildings in Dessau", *The Bauhaus Collection*, Bauhaus Archive Berlin, Berlin 2010, s.156.

20. Se även Ulrike Müller, *Bauhaus Women – Art, Handicraft, Design*, Flammarion, Paris 2009.

21. Walter Gropius, *Bauhausbauten Dessau* (1930), Florian Kupgerberg Verlag, Mainz 1974, s. 85-151, Wolsdorff 2010, s. 156 samt Thöner 2006, s. 32.

22. Hazel Conway & Rowan Roenisch, *Understanding Architecture – An introduction to architecture and architectural history*, Routledge, London 2005.

23. Huvudbyggnaden och mästarbostäderna förföll, men under tidigt 1990-tal påbörjades restaureringen av byggnaderna. År 1996 utsågs Bauhaus i Dessau till världsarv av Unesco.

24. Wolsdorff 2010, s. 156. På så sätt föregick han historieskrivningen och tog kontroll över tolkningen av verksamheten vid Bauhaus.

25. Ann Sobiech Munson, "Lewis Mumford's Lever House: Writing a 'House of Glass'", *Writing Design – Words and Objects*, Grace Lees-Maffei (ed.), Berg, London & New York 2012.

26. Se t. ex. Hélène Lipstadt, "Learning from St. Louis: The Arch, the Canon and Bourdieu", *Judging Architectural Value*, William S Saunders (ed.), University of Minnesota Press, Minneapolis 2007, s. 8-9.

27. Se Adrian Forty, *Words and Buildings: A Vocabulary of Modern Architecture*, 2000 samt Cameron & Markus 2002.

28. Anna Ingemark Milos, *Stockholms stadsbibliotek och Moderna museet – en analys av arkitekturkritik i svensk press*, (Diss. Lunds universitet), Sekel, Lund 2010.

29. Beatrice Colomina, "Architectureproduction", *This is Not Architecture,* Kester Rattenbury (ed.), Routledge, London 2002.

30. Ibid.

31. Detta flitigt upprepade citat var rubriken på ett föredrag som Gropius höll 1923 – se Howard Dearstyne, *Inside the Bauhaus*, Rizzoli, New York 1986, s. 69.

32. Se Alexandra Lange, *Writing about Architecture – Mastering the Language of Buildings and Cities*, Princeton Architectural Press, New York 2012, s. 9ff.

Referenser

Benedikt, Michael, "Introduction", *Judging Architectural Value,* William S Saunders (ed.), University of Minnesota Press, Minneapolis 2007

Colomina, Beatriz, "Architectureproduction" i *This is Not Architecture – Media Constructions*, Kester Rattenbury (ed.), Routledge, London 2002

Conway, Hazel & Rowan Roenisch, *Understanding Architecture – An introduction to architecture and architectural history*, Routledge, London 2005

Dearstyne, Howard, *Inside the Bauhaus*, Rizzoli, New York 1986

Droste, Magdalena, *Bauhaus 1919-1933*, Taschen, Köln 1998

Elwall, Robert, *Building with light – The International History of Architectural Photography*, RIBA, Merrel, London 2004

Forgács, Éva, *The Bauhaus Idea and Bauhaus Politics*, Central European University Press, Budapest 1995

Forty, Adrian, *Words and Buildings: A Vocabulary of Modern Architecture*, Thames & Hudson, London 2000

Gropius, Walter, *Bauhausbauten Dessau* (1930), Florian Kupgerberg Verlag, Mainz 1974

Ingemark Milos, Anna, Stockholms *stadsbibliotek och Moderna museet – en analys av arkitekturkritik i svensk press*, (Diss. Stockholms Lunds universitet), Sekel, Lund 2010

Kruft, Hanno-Walter, *A History of Architectural Theory – from Vitruvius to the Present*, Princeton Architectural Press, New York 1994

Lange, Alexandra, *Writing about Architecture – Mastering the Language of Buildings and Cities*, Princeton Architectural Press, New York 2012

Le Corbusier, *Towards a New Architecture (Vers une Architecture* 1923), Architectural Press, Oxford 1989

Lipstadt, Hélène, "Learning from St. Louis: The Arch, the Canon and Bourdieu", *Judging Architectural Value,* William S Saunders (ed.), University of Minnesota Press, Minneapolis 2007

Miller, Wallis, "Architecture, building and the Bauhaus", *Bauhaus Culture – from Weimar to the Cold War*, Kathleen James-Chakraborty (ed.), University of Minnesota Press, Minneapolis 2006

Ulrike Müller, *Bauhaus Women – Art, Handicraft, Design*, Flammarion, Paris 2009

Rådberg, Johan, *Drömmen om atlantångaren – Utopier & myter i 1900-talets stadsbyggande*, Atlantis, Stockholm 1997

Sobiech Munson, Ann, "Lewis Mumford's Lever House: Writing a 'House of Glass'", *Writing Design – Words and Objects*, Grace Lees-Maffei (ed.), Berg, London & New York 2012

Sparke, Penny, *The Modern Interior*, Reaktion Books, London 2008

Thöner, Wolfgang, *The Bauhaus Life – life and work in the master´s houses estate in Dessau*, 2006

Vihma, Susann, *Designhistoria – en introduktion*, Raster, Stockholm 2003

Wolsdorff, Christian, "Bauhaus buildings in Dessau", *The Bauhaus Collection*, Bauhaus Archive Berlin, Berlin 2010

Situationens logik: bild, plats och funktion
Hans Hayden

Mötet med ett konstverk innebär alltid att vi befinner oss inför något i ett specifikt sammanhang. Iakttagelsen är aldrig platslös utan *äger* rent bokstavligt *rum*: på ett museum, i en park, framför en dataskärm, i tunnelbanan, i en nedsläckt föreläsningssal, i läsningen av en bok. De flesta konstverk ser vi inte heller i original utan som reproduktioner i olika medier, vanligen som fotografier. När vi talar om ett verk kan vi egentligen inte tänka bort vare sig rummet, oss själva eller medieringen, men ofta är det precis det som sker; vi talar om bilder som om de befann sig i en platslös rymd bortom varje konkret historiskt eller rumsligt sammanhang. Men om vi placerar in bilden i ett sammanhang så måste vi också bestämma vilket sammanhang vi avser: är det i ett rum och i en kontext som den ursprungligen producerades för, eller är det i helt annat sammanhang långt senare då vi möter samma bild i en tidskrift eller på en pralinask? Uttolkaren är alltså den som bestämmer vilket sammanhang som är relevant i den egna tolkningen – och hur det sammanhanget ska definieras och avgränsas.

Men för att detta inte bara ska stanna vid abstrakt tankeexercis så kan vi utgå från en bild. Låt oss ta

---

Hur du refererar till det här kapitlet:
Hayden, H. 2019. Situationens logik: bild, plats och funktion. I Hayden, H. (ed.) *Kontextualisering. Teoretiska tillämpningar i konstvetenskap: 2.* Pp. 143–169. Stockholm: Stockholm University Press. DOI: https://doi.org/10.16993/baw.f. License: CC-BY 4.0

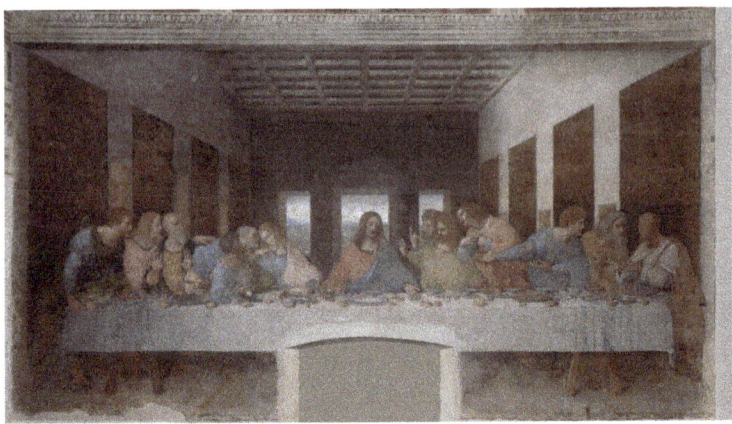

Bild 1. Leonardo da Vinci, *Nattvarden*, 1495-98, oljetempera och al secco på puts, 460 × 880 cm, Santa Maria delle Grazie, Milano. Wikimedia Commons. Licens: fri domän (public domain)

en välkänd och mycket omtalad bild: Leonardo da Vincis *Nattvarden*.

Det är en väggmålning som finns på ena kortsidan i ett rektangulärt rum som en gång var en matsal, ett *refektorium*, i Dominikankonventet Santa Maria delle Grazie i Milano. Leonardo arbetade med detta verk under lång tid, mellan 1495 och 1498. Han experimenterade med att kombinera olika tekniker vilket olyckligtvis innebar att målningen ganska snart efter fullbordandet började falla sönder. *Nattvarden* har genom århundraden genomgått ett stort antal restaureringar, den senaste utfördes under ledning av Pinin Brambilla Barcilon mellan 1978 och 1999.[1] På grund av målningens ytterst ömtåliga status har refektoriet omvandlats till ett slutet klimatsäkert museum där besökare bara får vistas 15 minuter åt gången.

Uppenbarligen finns det en markant skillnad vad gäller omständigheterna kring vilken denna bild

Situationens logik: bild, plats och funktion 145

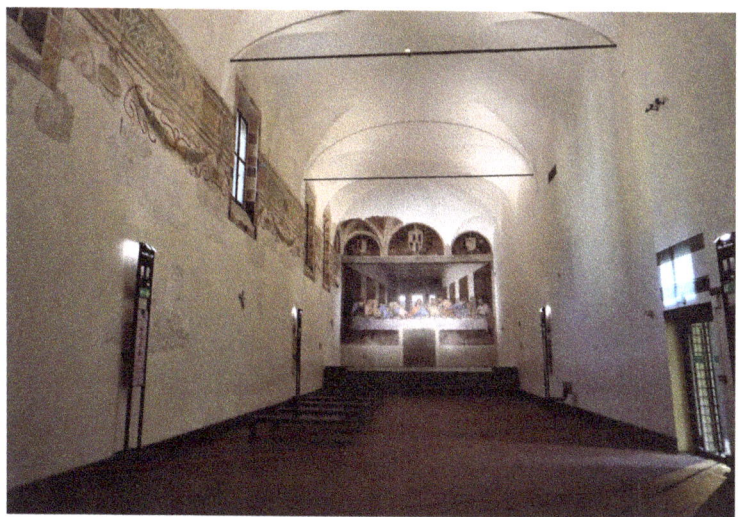

Bild 2. Refektoriet i Santa Maria delle Grazie så som det ser ut idag. Wikimedia Commons. Licens: CC BY-SA 4.0

betraktades *då* (när den hade utförts) och *nu* (då vi ser den). Skillnaden mellan då och nu har inom hermeneutiken beskrivits som en klyfta. Frågan är: hur ska vi idag kunna förstå hur denna mycket gamla bild en gång uppfattades och tolkades? Ett uppriktigt svar är att vi *inte kan* förstå det, eftersom vi kommer från en annan tid och inte kan sätta oss in i psyket på människor som levde och verkade för mer än 500 år sedan. Men vad vi kan göra är att försöka rekonstruera och förstå själva omständigheterna kring vilket bilden tillkommit – eller med andra ord, villkoren för den ursprungliga tillkomstsituationen. Denna tolkning är ett försök att förstå *Nattvarden* utifrån dess *funktion* i sitt specifika historiska sammanhang.[2] Det innebär att tolkningen aktualiserar bildens relation till rummet och till ett liturgiskt och monastiskt sammanhang, för att ställa frågor kring de konventioner och sociala överenskommelser som styr bildens möjliga betydelser. De avgörande frågorna är dock varför bilden ser ut som den gör – och varför den alls utfördes?

Plats och motiv

Målningen av den sista måltiden finns inte i refektoriet av en slump. Inte heller handlar det om ren dekorativ utsmyckning eller om någon enkel matchning av motiv (att en bild av en måltid passar fint i en matsal). Anledningen till att bilden finns i just detta rum är att någon gett i uppdrag att en bild ska målas där. En analys av bilden och dess tillkomstsituation måste därför utgå från följande aspekter: *uppdraget, platsen, motivet* och *utförandet*.

Konst i äldre tider var inte detsamma som konst idag. Konstnären betraktades vanligen som en hantverkare som tog uppdrag att utföra bilder, reliefer, skulpturer och annat till en beställare. Beställare kunde vara en privatperson, en ämbetsman, en sammanslutning eller en institution. Med undantag för utsmyckning i kyrkor och på offentliga platser, var det en mycket begränsad elit som alls hade tillgång till konsten. Beroende på sammanhang kunde konsten ha en mängd olika funktioner; äldre tiders bilder hade vanligen praktiska och symboliska funktioner utöver de rent estetiska. Ett porträtt kunde exempelvis vara allt ifrån en privat erinran av en person till en officiell representation av en dignitär eller regent. Kyrkor och kloster utsmyckades med bilder som skulle illustrera Bibelns berättelser och helgonlegender eller förmedla moraliska tankeställare. Under den italienska renässansen fick vissa konstnärer en allt starkare social ställning, men det var till syvende och sist beställaren som bestämde om ett verk kunde godtas och om det uppfyllde hans eller hennes förväntningar.

Beställare av *Nattvarden* var Ludovico Sforza, som gav uppdraget till Leonardo 1494.[3] Ludovico utnämndes till storhertig samma år och blev därmed regent över stadsstaten Milano och en av Europas mäktigaste män. Klosteranläggningen Santa Maria delle Grazie började uppföras 1463 på order av ärkehertig Francesco Sforza, far till Ludovico, och den stod färdig 1497. Arkitekt var Guiniforte Solari, även om vissa delar tillskrivits Bramante som under en period verkade i Milano. Ludovico gjorde sedermera Santa Maria delle Grazie till släkten Sforzas hovkyrka och begravningsplats. Uppdraget att utföra en väggmålning i refektoriet var med andra ord ytterst prestigefyllt och det kom från allra högsta ort.

Eftersom det inte finns några bevarade dokument av beställningen, så vi kan inte veta vare sig ifall vissa detaljer specificerades eller om Leonardo på något sätt avvek från uppdragets formulering. Det var emellertid vanligt vid denna tid att refektorier försågs med målningar av *Nattvarden* så det är på så sätt inget särskilt märkligt med beställningen i sig. Däremot finns visa detaljer i Leonardos utförande som avviker från gängse bildkonvention, något vi snart återkommer till. Men eftersom beställningen bygger på ett juridiskt bindande kontrakt och det inte finns några dokument om någon avtalstvist mellan konstnär och beställare (vilket det gör i andra fall rörande Leonardos vistelse i Milano) kan man sluta sig till att dessa låg inom ramen för Leonardos konstnärliga frihet i motiv och tekniskt utförande.

Bilden visar Jesus i centrum, omgiven av de tolv lärjungarna som är grupperade tre och tre. De kan identifieras dels genom en av Leonardos förstudier till målningen, dels genom en anonym kopia från 1500-talets mitt som anger namnen. Från vänster till höger finns Bartolomaios, Jakob d.y., Andreas, Judas Iskariot, Petrus, Johannes, Tomas, Jakob d.ä., Filippos, Matteus, Judas Taddeus och Simon.[4]

Motivet föreställer en sekvens ur Nya testamentet som beskriver hur Jesus avslöjar Judas förräderi och som återfinns i samtliga evangelierna i lite olika versioner. Den mest mångtydiga och komplexa beskrivningen av detta skede finns hos Johannes och det finns anledning att anta att den var den som Leonardo utgick ifrån. Där står det: "När Jesus hade sagt detta skakades han i sitt innersta och vittnade: 'Sannerligen, jag säger er: en av er kommer att förråda mig.' Hans lärjungar såg på varandra och undrade vem han menade" (Joh 13:21-22). Jesu ord utlöser förvirring och misstro bland lärjungarna, som inte kan acceptera att en av dem faktiskt ska förråda mästaren. Leonardos *Nattvarden* visar ögonblicket efter det att Jesus uttalat orden "en av er kommer att förråda mig". Lärjungarna reagerar på olika sätt, alltifrån bestörtning, tvivel, sorg, vrede – och skam. Redan här kan man se hur han skapade någonting nytt i förhållande till traditionen. I alla äldre nattvardsskildringar så *talar* Jesus, men i Leonardos bild *har han talat* och vad vi ser är och effekten av det sagda.[5]

Men motivet "Nattvarden" kan innehålla två helt olika men centrala moment: förutom Judas förräderi även *Nattvardens instiftande* (det vill säga det sakrament då brödet blir till Kristi lekamen och vinet till hans blod). Oftast skiljs dessa båda aspekter av den sista måltiden åt. Nattvardens instiftande finner man vanligen i altarbilder i kyrkor, medan Judas förräderi uppträder i refektorier och på andra platser. Enligt flera forskare kan man dock förstå Leonardos nattvardsskildring som en kombination av dessa båda motiv. Bildens uppenbara handlingsmoment är förstås förräderiet. Men studerar man Jesus händer så tycks hans högra hand vara i färd med att gripa efter något, medan den vänstra gör en inbjudande gest till vad som finns på bordet: brödet och vinet. Både Jesus och Judas gör en likartad rörelse med sina händer, som skulle kunna anspela på den passage där Jesus pekar ut förrädaren genom att doppa en brödbit och överräcka den till honom (Joh 13:26). Kanske är det så, som exempelvis Leo Steinberg hävdat, att Leonardo vävt samman två handlings- och tidsmoment: att han mitt i de känslofyllda och dramatiska effekterna av de uttalade orden om förräderiet pekar framåt mot människans väg till frälsning.[6]

Bilden och rummet

Grundkompositionen är ett avlångt bord med Jesus och lärjungarna samlade på ena sidan. Detta är en komposition som återkommer i så gott som alla Nattvardsmålningar som utfördes i klostrens refektorier under 1400-talet. Här finns en tydlig skillnad mot äldre nattvardsbilder där Jesus och lärjungarna ofta satt (eller låg, som texten säger) på ett mer realistiskt sätt runt om ett bord. Anledningen till denna egenartade komposition är av praktisk art. Refektoriernas bilder var avsedda att betraktas

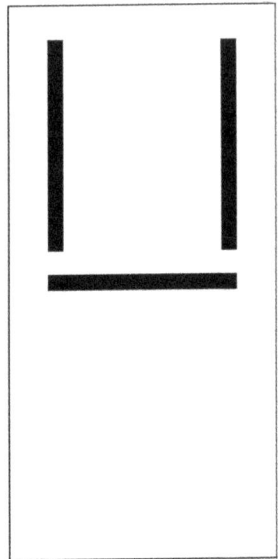

Bild 3. En principskiss över reftektoriets möblering utifrån Leo Steinberg rekonstruktion i "Leonardos Last Supper", The Art Quarterly, vol. 36, 1973:4.

under måltiderna, där bildens bord slöt möbleringen av det reella rummets tre andra bord. På refektoriets andra kortvägg finns en framställning av *Korsfästelsen* av Donato da Montorfano, färdigställd 1495.

Leonardos målning är mycket omsorgsfullt uppbyggd utifrån ett linjärt centralperspektiv. Alla ortogonaler strålar samman i flyktpunkten som är placerad vid Jesu högra öga. Rent kompositionellt innebär det att Jesus framhävs som bildens och motivets centrum. Kanske kan man också tänka sig en symbolisk betydelse. Enligt den matematiska teorin bakom centralperspektivet så innebär flyktpunkten oändligheten. Alla bildens element regleras utifrån denna punkt och centralperspektivet reglerar alla delar utifrån en styrande princip. Perspektivet är i

Leonardos nattvardsbild inte bara ett instrument för att skapa illusionen av ett rum bakom bildytan, utan också ett redskap för att skapa en relation mellan bildrummet och det reella betraktarrummet. Studerar man bildrummet i relation till refektoriet så är det uppenbart att Leonardo på ett utstuderat sätt anpassat bilden till rummet. Men som många forskare framhållit, förekommer inkonsekvenser och avvikelser i bilden. Bordet är exempelvis för litet; om alla satte sig ned skulle de inte få plats. Men tack vare denna "felaktighet" har Leonardo tillförd något nytt i bilden: där alla tidigare nattvardsskildringar visat upp lärjungarna som tämligen passivt sittande vid bordet, framhålls här dynamiken i deras diskussioner. Även perspektivet tycks vara skevt. Leon Battista Alberti var den som kodifierade teorin om det linjära centralperspektivet i sin traktat om måleriet, *Della Pittura* från 1435. Där framhöll han att blickpunkten skulle befinna sig på samma höjd som betraktarens öga, men i fallet med *Nattvarden* så befinner sig blickpunkten mer än dubbelt så högt upp som en normallång betraktare. Den första kända målning baserad på centralperspektivet, Masaccios *Treenigheten* i Santa Maria Novella i Florens, löste en liknande problematik genom att placera flyktpunkten extremt lågt, i bildens nederkant. Därmed får betraktaren som ser bilden underifrån, intryck av att skåda in i ett rum som fortsätter bakom väggytan. Men enligt konstvetaren Martin Kemp frångår Leonardo en sådan doktrinär tolkning av perspektivet för att kunna framställa bildens handling med större klarhet.[7]

Enkelt uttryckt kan man säga att Leonardo var tvungen att överge centralperspektivets princip för att kunna framhäva motivet och dess psykologiska drama. Men syftet var förmodligen större än så. Genom denna avvikelse kan man från alla betraktarpositioner runt om i refektoriet uppfatta bilden tydligt och överblicka dess motiv. Vi ser exempelvis bordet uppifrån trots att vi befinner oss under det. Men relaterar man bildens perspektiv till rummets koordinater, är det ju uppenbart att Leonardo ändå konstruerat bildrummet i förhållande till betraktarrummet. Se till exempel hur subtilt han låtit den högra väggytan i bildrummet vara något ljusare än den vänstra för att på så sätt framhäva illusionen av att väggen reflekterar ljuset från det reella rummets fönster vid tidpunkten för måltiden. Det verkar alltså uppenbart att Leonardo på ett högst utstuderat sätt – *både* genom de perspektiviska överensstämmelserna och avvikelserna – upprättat en relation mellan bildrum och betraktarrum.

Det vore dock fel att tro att det fanns en direkt identifikation mellan bildrummet och betraktarens reella rum – att alla liksom sitter och äter tillsammans. Bordet markerar ett sammanhang mellan bild och reellt rum, men också en tydlig åtskillnad. Betraktaren (munken) får inte tro att han är likvärdig deltagarna i den bibliska historien och bilden finns ganska högt upp på väggytan just för att förhindra illusionen av samhörighet. Bilden betonar alltså på en och samma gång sammanhang och åtskillnad. Varför det? Man kan förstå det som en strävan hos Leonardo att försätta betraktaren i en specifik situation för att leva sig in i handlingen; en situation där två tidsmoment sammanförs: ett därbortom (den bibliska berättelsen där och då) som är åtskilt från men ändå korresponderar med den faktiska situationen (måltidens här och nu).

Därmed förstärks också en annan princip som framhölls av Alberti, kallad *istoria*, och som enligt honom var bildkonstens allra viktigaste grundsats. Detta begrepp har ingen direkt motsvarighet i det svenska språket, men vad Alberti vill framhålla är att den viktigaste uppgiften för en konstnär är att på ett värdigt sätt uppväcka känslor hos betraktaren genom bildens alla delar, genom gester och minspel samt genom helhetskompositionen. Det är alltså konstens uppgift att beröra såväl betraktarens intellekt som hennes känslor.[8] Och det är precis denna uppgift som Leonardo tagit sig an i *Nattvarden*, genom själva bildkompositionen, genom noggranna studier av människans känsloregister och gester, samt genom att skapa en förbindelse mellan bildrum och betraktarrum.

Bild och konvention

Om man jämför Leonardos nattvardsskildring med andra som producerats sedan mitten av 1300-talet kan man iaktta en avsevärd skillnad: känsloregistret är väsentligt starkare hos Leonardo än hos andra konstnärer. Se t.ex. på Andrea de Castagnos nattvardsmålning som färdigställdes 1450, där lärjungarna mottar beskedet att en av dem är förrädare under närmast lakonisk tystnad. Skillnaden är att Leonardo har skapat ett *drama*. Hans ingång till motivet tycks i grund och botten ha varit av psykologisk art: hur det måste ha känts att vara lärjunge och höra Jesu ord om förräderi.

Här kan man också urskilja en skillnad mellan Andrea och Leonardo i graden av realism och tid, där lärjungarna är del i ett handlingsförlopp de inte kan överblicka och som de inte vet slutet på

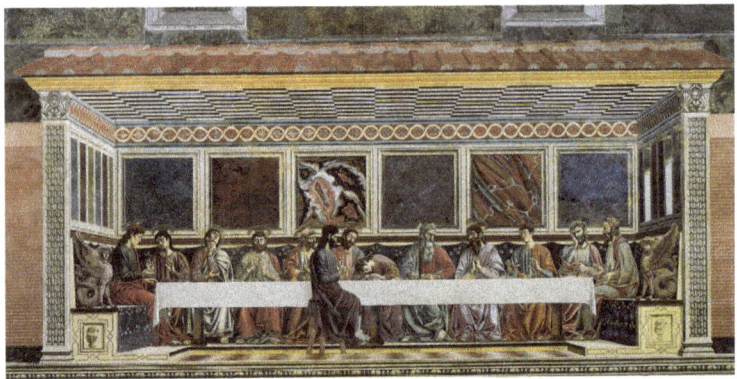

Bild 4. Andrea del Castagno, *Nattvarden*, 1445-50, fresk, 453 x 975 cm, St. Appolonia, Florens. Wikimedia Commons. Licens: fri domän (public domain)

(de har ju inte läst Nya testamentet, de medverkar i det). Leonardo, vars studier av naturen och människorna gränsade till besatthet, har ingående betraktat människor i det samtida Florens och Milano – på krogen, på torget, ute på fältet, i bekantskapskretsen – för att utröna hur människor beter sig, grimaserar och gestikulerar i olika känslolägen. Han ger själv råd till blivande konstnärer att ständigt iaktta och avbilda människor i omgivningen för att lära hur känslorna tar sig uttryck i hennes mimik, kroppshållning och gestik.[9] Dessa iakttagelser har Leonardo sedan transponerat till sin målning.

Gentemot lärjungarnas upprörda känslor finns Jesu lugn. Han känner sitt öde och har accepterat det; han vet att han måste offras för att ge mänskligheten möjlighet till frälsning i ett nytt förbund med Gud. Jesu upphöjda lugn kommer sig också av att han befinner sig i en annan tidszon: gentemot lärjungarnas *historiska tid* placeras här den gudomliga uppenbarelsen *bortom tiden*. Förstår man motivet på så sätt kan man också iaktta betydelsen hos en detalj. Hos Andrea – och i alla andra nattvardsbilder i refektorier som producerades under 1400-talet – sitter Judas Iskariot framför bordet. Han är alltså tydligt åtskild från Jesus och övriga lärjungar. Man kan fråga varför.

I en på sin tid omtalad analys av målningen, menade konstvetaren Heinrich Wölfflin att Leonardo gjort denna förändring från traditionen för att skapa en mer homogen bildstruktur. Detta stämmer förvisso, men denna förändrade placering av Judas har en mer omfattande innebörd än så. För att kunna spåra den måste man fråga sig vilken betydelse och funktion Judas har i berättelsen och hur det påverkar Andrea och Leonardos bilder.

I Bibeln fyller Judas en helt central funktion, för utan honom skulle inte Guds verk att offra sin son ha kunnat fullbordas. Jesus säger till Judas "Gör genast vad du skall göra!" (Joh. 13:27). Här uppmanas alltså Judas att utföra sitt förräderi. Men samtidigt beskrivs på samma ställe att Satan for in i Judas då han sålde ut sin mästare och Jesus talar i ett annat evangelium om att straffet för den som utfört förräderiet kommer att bli så fruktansvärt att han önskar att han aldrig blivit född (Matt 26:24). Det kan tyckas att Judas råkar väldigt illa ut då han bara gör vad som förväntas av honom men ändå straffas. Men kanske poängen är själva dubbelheten, där Judas visserligen behövs för att föra den gudomliga planen till sin fullbordan, men där han i sig egen historiska situation ändå har ett val – där han av girighet begår den största av synder. Ingen av de andra lärjungarna förstår att det är just Judas som är förrädaren, men Gud vet.

Hos den bildkonvention som Andrea verkar i är själva åtskiljandet och identifikationen det centrala. Ingen behöver tvivla på var Judas befinner sig – framför bordet, utan gloria. Denna bildformel går tillbaka på Taddeo Gaddis fresk i refektoriet i St. Croce i Florens från c:a 1360. Tittar man på Leonardos bevarade förstudie, så framgår det att även han till en början arbetat utifrån traditionen med en isolerad Judas framför bordet. Men något fick honom att ändra sig. Vad händer då när Judas placeras bakom bordet? En sak är uppenbar: Judas blir svårare att identifiera. Han befinner sig tillsammans med de andra, vid samma bord där ingen har någon gloria. Vissa har hävdat att Leonardo gjort en profan målning där han som vetenskapsman excellerat i psykologisk observation. Men man kan snarare hävda att han använt sin vetenskapliga hållning för att *förstärka* det religiösa budskapet.

Dramatiken handlade ju som sagt om lärjungarnas bestörtning inför Jesu ord eftersom de inte vet vem som är förrädaren. Endast en i rummet vet vem det är: Guds son som känner till den framtida handlingen. Judas ansikte är beskuggat, han reagerar inte med bestörtning utan han tycks i detta ögonblick uppfyllas av den onda handling han snart ska utföra. Och det är just på denna punkt som bildens retorik är som starkast, när den vänds ut till munkarnas måltidsrum med budskapet: ta dig i akt! Dina synder kanske inte syns och de kommer kanske aldrig uppdagas, men Gud ser in i ditt hjärta, han känner dina handlingar. Här och nu har du ett val där du avgör vilken väg du tar. Bildens komposition och perspektivets genomtänkta relation till refektoriet gör att retoriken får maximal räckvidd.

Detta är ju minst sagt ett hårt budskap. Man kan fråga sig varför det alls återfinns i en bild som utsmyckar en matsal i ett kloster?

Bildens funktion

För att kunna besvara en sådan fråga måste vi relatera den specifika situationen till ett mer övergripande historiskt skeende. När vi talar om en övergripande kontext måste vi ändå precisera vad vi menar. Man kan tänka sig många sammanhang som på olika sätt påverkat *Nattvardens* tillkomstsituation: ideal och världsuppfattningar inom ledande skikt bland högrenässansens italienska stater, politisk turbulens som sedermera ledde fram till de italienska krigen, ledande estetiska ideal, tekniska överväganden och bildkonventioner bland tidens konstnärer och beställare, religiösa dogmer och traditioner inom katolska kyrkan i allmänhet och Dominikanorden i synnerhet, etc. Allt detta kan tänkas vara relevanta sammanhang, beroende på uttolkarens val av perspektiv.

I medeltida skildringar ingår nattvarden som inledning till passionshistorien (som berättar om Jesu lidande död och återuppståndelse) men hos Gaddi har motivet kommit att ingå i en svit av bilder som också innefattar livsträdet med korsfästelsen och scener ur Nya testamentet och helgonlegenderna.[10] Placeringen av Andreas nattvardsskildring knyter an till passionshistorien genom de målningar ovanför som skildrar korsfästelsen, gravläggningen, och uppståndelsen. Den förste att isolera nattvardsmotivet från andra bibliska scener var Domenico Ghirlandaio, med sin fresk i refektoriet i Chiesa di

Ognissanti i Florens från 1480. Även hos Leonardo är nattvardsskildringen isolerad från passionshistorien. Det väsentliga med detta är att det sker en förskjutning men också ett tydliggörande av motivets *funktion*, från att inleda passionshistorien till att betona Judas förräderi. Detta förstärks ytterligare hos Leonardo med hans dramatiska skildring av lärjungarnas olika känslolägen.

Ett intressant och mycket konkret försök att relatera den specifika situationen till ett mer övergripande historiskt skeende har gjorts av konstvetaren Gunnar Danbolt. Han frågar sig vilken funktion nattvardsbilden kan tänkas ha i förhållande till de monastiska reglerna och till en mer övergripande kyrkopolitisk kontext. Frågan är: varför dyker det upp nattvardsframställningar som betonar förräderiet i en rad refektorier i italienska kloster under andra delen av 1400-talet? Svaret är enligt Danbolt att det rådde disciplinära problem i klostren. Som orsak till detta anger han dels klostrens förvaltning, dels rekryteringen av munkar.[11] Detta var problem som hade en lång historia, där ett flertal försök att komma till rätta med dem gjorts under åren utan större framgång. Frågan kom upp på konciliet i Konstanz 1414-1418. Detta kyrkomöte har gått till historien för att det redde ut schismen inom den katolska kyrkan om vem som var rättmätig påve, eftersom inte mindre än tre påvar existerade samtidigt vid denna tid. Men det innebar även ett omfattande reformarbete beträffande ledning, organisation och inriktning inom den katolska kyrkan, vilket också innefattade klostren.[12] Här enades man om en reform som dels berörde klostrens förvaltning, dels ställde strängare krav på de noviser som antogs till klostren. En av de förändringar som genomdrevs var att måltidernas religiösa karaktär inskärptes.[13] Danbolt konstaterar vidare att Leonardos nattvardsmålning utfördes i ett rum med den praktiska funktionen att tjäna som måltidsrum. Målningens relation till måltidsrummet och dess eventuella praktiska funktion är något som egentligen aldrig behandlats i litteraturen om *Nattvarden*, vare sig hos samtida kommentatorer eller i senare tiders analyser. Georgio Vasari skriver i mitten av 1500-talet om bildens skönhet, om konstnärens förmåga att förmedla en psykologiskt svår situation, om samtidens beundran av verket och han beskriver en anekdot om hur klostrets prior (föreståndare) manade Leonardo att skynda på arbetet.[14] Men ingenting om rummet och funktionen. Knappt 450 år senare omnämner Martin Kemp rummets funktion i förbigående, då han på ett närmast anekdotiskt sätt beskriver hur donatorn och beställaren Ludovico Sforza vid sina regelbundna besök i klostret satt bredvid abboten och betraktade Leonardos mästerverk.[15] Här beskrivs alltså betraktandet av bilden som ren estetisk kontemplation.

Ett tidigt undantag från denna tradition kan man se hos Goethe som i början av 1800talet skrev om *Nattvarden* i tidskriften *Über Kunst und Altertum*. Då han tidigare under sina resor själv betraktat bilden, fungerade refektoriet fortfarande som måltidsrum i klosteranläggningen. Goethe inleder sin analys med en omfattande beskrivning av rummets möblering och hur bild och rum samverkade: abboten placerad mitt emot Jesus, munkarna utspridda runt borden på ett sätt som motsvarade lärjungarna i bilden. Han uppmanar sedan läsaren att tänka sig in i munkarnas situation, då de åt under stilla tystnad och betraktade Leonardos estetiskt mästerliga och psykologiskt inträngande skildring av det ultimata förräderiet, och hur de begrundade att det även bland dem kunde finnas de som förrådde Herren.[16]

Danbolt går dock väsentligt längre än Goethe i sitt försök att beskriva ett annat sätt att se och förstå bilden – i dess plats i måltidsrummet, som en del av måltiden. Hans ställer därför frågan: *vad innebar måltiden för munkarna, vilken betydelse hade den i klosterlivet?*

Dominikanorden följde Augustinus regel från 300-talets mitt. Där står det: "Från måltidens början till dess slut, lyssna på det som brukligt är att läsa utan oväsen eller protester mot Skriften, ty du skall inte bara tillfredsställa din fysiska hunger *utan även att hungra efter Guds ord*".[17] Vid måltiden skulle man alltså inte bara äta utan också lyssna. Ett liknande förhållningssätt, fastän mer utförligt beskrivet, finns i *Regula Sancti Benedicti*, författad av Benedikt av Nursia någon gång vid 500-talets mitt, vilket är den källa Danbolt vänder sig till.[18] Både dessa texter, som har haft ett oerhört inflytande i den katolska världen, syftade till att avpassa och kodifiera hur livet i klostret skulle te sig.

Måltiden var hos båda intimt förbunden med bönen och fastan. Den ingick som en del av det monastiska och liturgiska tidsschema (*Horarium*) som styrde det dagliga livet på klostret. Detta framgår av regelböckerna och samma sak gäller än idag inom dessa ordnar. Under medeltiden såg det dagliga schemat ut på ungefär samma sätt inom alla kloster runt om i Europa, oberoende av årstid eller klimat:

man steg upp klockan två på natten och gick och lade sig vid halv sju på kvällen.[19] Idag ser schemat annorlunda ut och tiderna har skjutits fram c:a tre timmar. Men då som nu utgörs dagsschemat av stationer som reglerar tider för bön, studier, manuellt arbete, rekreation och måltider.

Efter mässan gick munkarna i procession från kyrkan till refektoriet där de intog sina platser och åt under absolut tystnad. En av dem som utsetts till lektor, läste valda delar ur Bibeln, texter av kyrkofäderna eller ur monastisk litteratur. Måltiden hade alltså inte bara den självklara praktiska funktionen att inta föda utan hade även en annan funktion: att fira gemenskapen i munkorden och visa sin trohet till Gud.[20] Måltiden kan därmed förstås som del av en ritual där den liksom de andra stationerna i det monastiska tidsschema har en tydlig *performativ* funktion: den inte bara uttrycker eller speglar de ideal som präglar Dominikanorden (samhörighet med munkorden och trohet inför Gud), den innebär att munkarna varje dag utför och alltså *gör* detta ideal.[21]

Betraktar man refektoriets utformning och dess plats i klosteranläggningen kan man också förstå hur både klosterbyggnaden och munkarnas fysiska rörelse mellan byggnadskroppens olika delar inte bara utgjorde anhalter i klosterlivets schema, utan även utgjorde representationer av klostrets andliga grundval. Konstvetaren Helen Hills har i en studie av napolitanska nunnekloster beskrivit hur klosterarkitekturen kan ses som en metafor både för disciplinen och nunnornas kroppar. Det är, skriver hon, en arkitektur som grupperade och separerande, och som framför allt innebar en artikulerad fysisk manifestation av hierarkier och åtskillnad.[22] Man kan förstå arkitekturens roll på ett likartat sätt även vid Dominikankonventet Santa Maria delle Grazie: varje del i en klosteranläggning hade sin specifika plats och funktion, men alla delar ingick i en övergripande struktur med ett överordnat syfte att reglera och förkroppsliga det andliga livets olika funktioner och dess dagliga schema. Man skulle, för att tala med Michel Foucault, kunna hävda att texten, ceremonierna, rörelsemönstret, bildprogrammet och byggnaden alla är delar av en diskursiv praktik – vad han kallade "det interna talet i institutionen" – vars syfte i detta fall var att reglera klostrets alla verksamheter och disciplinera munkarna.[23] Och det är i detta övergripande sammanhang, *i denna situationens logik*, som Leonardos nattvardsbild fyller sin funktion.

Leonardos målning skildrar sålunda inte bara en historisk händelse i en svunnen tid, en måltid som ägt rum ett och ett halvt millenium tidigare, utan också att Gud existerar bortom tid och rum samtidigt som Gud finns mitt ibland munkarna i ett "här och nu". Men om bildens retoriska innehåll pekar ut Guds närvaro så fungerar det även som en påminnelse om förräderiet och varje individs valmöjlighet. Och om det straff som väntar syndaren.

* * *

Augustinus regel är alltså den teologiska grunden för Leonardos målning. Den uppehåller sig på många ställen vid synd och straff och texten har en mycket pragmatisk hållning som utgår från att synder alltid kommer att begås. Straffets funktion är snarast terapeutiskt, att leda syndaren in på rätt väg för att möjliggöra hans kommande frälsning. Den allvarligaste försyndelsen är då någon försöker skyla över och dölja sitt brott, att inte bekänna sin synd och söka bot och bättring.[24] Och det är ju precis detta som Leonardos målning visar: hur Judas Iskariot sitter med de andra lärjungarna bakom bordet och döljer sitt svek, men att ingenting går att dölja för Gud som ser in i varje syndares själ. Man kan därmed förstå motivet som *en vägvisning*, vars syfte är att leda den som är mottaglig för budskapet bort från synd och fördömelse, fram till frälsning och evigt liv.

På så sätt kan man förstå den kontext som *Nattvarden* är tillkommen i. Beställaren, Ludovico Sforza, kanske inte tänkte sig något annat än en illustration till den bibliska berättelsen likande den som traditionen dittills frambragt, men Leonardo ville annorlunda. Han utvecklade tidigare bildkonventioner och fördjupade förståelsen för den bibliska textens mångtydighet. Idag kan vi, kanske på goda grunder, anta att så är fallet, men vi kan aldrig veta vad konstnären egentligen avsåg – eller hur munkarna uppfattade verket när de iakttog det varje dag i sin matsal. Och vad *Nattvarden* betyder för oss drygt femhundra år senare, på plats i refektoriet eller som illustration, det är en helt annan fråga.

Noter

1. Se Pinin Brambilla Barcilon och Pietro C. Marani, *Leonardo: The Last Supper*, The University of Chicago Press, Chicago and London 2001 (1999), för en utförlig fotografisk dokumentation och redogörelse för restaureringsarbetet.

2. Hos den svenska konstvetaren Gregor Paulsson utgjorde situationsbegreppet en konkretisering av hans fältteori och funktionsanalys. Konstnären tänks här ingå i ett dynamiskt sammanhang med omgivningen så som partiklarna i ett fält, där stil och utförande bestäms både av den funktion en bild eller artefakt en gång haft och av den världsuppfattning som manifesterats i den symbolmiljö som präglade fältet. Se t.ex. Gregor Paulsson, "Konstens sociala dimension" (1955), i Sven Sandström (red.), *Konstsociologi*, CWK Gleerup Bokförlag, Lund 1970, s. 13-23, och Gregor Paulsson, "Die zwei Quellpunkte der romanischen Plastik Frankreich: Toulouse und Cluny", i *Festschrift Joseph Gantner*, Formositas Romanica, Huber & Co.,Frauenfeld 1958, s. 21-25. För en analys av Paulssons fältteori, se Hans Pettersson (Hayden), *Gregor Paulsson och den konsthistoriska tolkningens problem* (Diss. Uppsala), Brutus Östlings bokförlag Symposion, Stockholm och Stehag 1997, s. 158-197. En annan utgångspunkt för denna tolkning är Michael Baxandalls tolkningsmodell, som omtalas i inledningen (*Patterns of Intention. On the Historical Explanation of Pictures*, Yale University Press, New Haven & London 1985) Det intressanta med den är att den erbjuder ett perspektiv som kryper så nära inpå objektet och de omständigheter som kan ha påverkat tillblivelsen av ett verk. Denna modell kan ses som en premiss för att beskriva en aktiv relation mellan bild och situation.

3. Pietro C. Marini, "Leonardo's *Last Supper*", i Barcilon och Marani, s. 1. Det är belagt i källorna att Leonardo fick uppdraget, däremot finns inte någon skriftlig dokumentation hur det var formulerat. För en populärvetenskaplig men initierad och läsvärd redogörelse för den historiska kontexten i samband med Leonardos nattvardsbild, se Ross King, *Leonardo and the Last Supper*, New York 2012.

4. Leo Steinberg, *Leonardo's Incessant Last Supper*, Zone books, New York 2001, s. 217 f och 242 f.

Se även Jean Paul Richter (ed.), *The Notebooks of Leonardo Da Vinci*, vol. 1, Dover Books, New York 1970, s. 333 ff och 246 f (§ 665-666).

5. Heinrich Wölfflin, *Den klassiska konsten. En vägledning till den italienska renässansen* (övers. Olof Hoffsten), Hazra, Uppsala 1983 (1899), s. 40.

6. Leo Steinberg, "Leonardo's Last Supper", *The Art Quarterly*, vol. 36, 1973:4, s. 306 ff.

7. Martin Kemp, *Leonardo da Vinci. The Marvellous Works of Nature and Man*, Oxford University Press, London 1989 (1981), s. 196.

8. Leon Battista Alberti, *On Painting* (transl. John R. Spencer), Yale University Press, New Haven and London 1966 (1956/1435), s. 77.

9. Richter (ed.), *The Notebooks of Leonardo Da Vinci*, vol. 1, s. 287 (§ 571).

10. Andrew Ladis, *Taddeo Gaddi. Critical Reappraisal and Catalouge Raisonné*, University of Missouri Press, Columbia and London 1982, s. 171-183.

11. Gunnar Danbolt, "Bilde og praxis", i Gunnar Danbolt, Kjell S. Johannessen och Tore Nordenstam, *Den estetiske praxis*, Bergen, Universitetsförlaget, Oslo, Bergen,Tromsø 1979, s. 91.

12. För en historik och analys av konciliet i Konstanz, se Philip Stump, *The Reforms of the Council of Constance (1414–1418)*, Studies in the History of Christian Thought, LIII, E.J. Brill, Leiden, New York and Cologne 1994.

13. Danbolt, s. 92 f.

14. Giorgio Vasari, *Berömda renässanskonstnärers liv*, del 1 (övers. Ellen Lundberg Nyblom), Pontes, Göteborg 1984 (1550), s. 265 ff.

15. Kemp (1989), s. 190.

16. Johann Wolfgang von Goethe, "Observations on Leonardo da Vinci's celebrated picture of The Last Supper" (1817), i John Gage (sel., ed. and transl.), *Goethe on Art*, University of California Press, Berkeley and Los Angeles 1980, s. 170 f.

17. *The Rule of Saint Augustine. Masculine and Feminine Versions*, (with Introduction and Commentary by Tarsicius J. van Bavel, transl. Raymond Canning), Darton, Longman and Todd Ltd., London 1984, s. 14. Min översättning: "From beginning of the meal to the end listen to the customary reading without noise or protest against the Scriptures, for you have not only to satisfy your physical hunger, *but also to hunger for the word of God.*"

18. *Den helige Benedictus regel* (översättning från latinet med inledning och förklarande noter av Bengt Högberg och Alf Härdelin), Veritas, Stockholm 2008, s. 138 ff.

19. David Knowles, *The Monastic Order in England. A History of its Development from the Times of St Dunstan to the Fourth Lateran Council 940-1216*, Cambridge University Press, Cambridge 1979 (1948), s. 29 f.

20. Danbolt, s. 78.

21. För en mer utförlig introduktion till performativ tolkningsteori, se Malin Hedlin Hayden & Mårten Snickare (red.), *Performativitet*, Teoretiska tillämpningar i konstvetenskap: 1, Stockholm University Press, Stockholm 2017.

22. Helen Hills, *Invisible City. The Architecture of Devotion in Seventeenth-Century Neapolitan Convents*, Oxford University Press, Oxford 2004, s. 160.

23. Michel Foucault, *Sexualitetens historia band 1: Viljan att veta*, (övers. Britta Gröndahl, med förord av Per Magnus Johansson), Daidalos, Göteborg 2004 (1976), s. 54.

24. Bengt Högberg och Alf Härdelin, "Regelns innehåll", i *Den helige Benedictus regel*, s. 61.

Referenser

Alberti, Leon Battista, *On Painting* (transl. John R. Spencer), Yale University Press, New Haven and London 1966 (1956/1435)

Brambilla Barcilon, Pinin & Marani, Pietro C., *Leonardo. The Last Supper*, The University of Chicago Press, Chicago and London 2001 (1999)

Baxandall, Michael, *Patterns of Intention. On the Historical Explanation of Pictures*, Yale University Press, New Haven & London 1985

Danbolt, Gunnar, "Bilde og praxis", i Gunnar Danbolt, Kjell S. Johannessen och Tore Nordenstam, *Den estetiske praxis*, Bergen, Universitetsförlaget, Oslo, Bergen, Tromsø 1979

Den helige Benedictus regel (översättning från latinet med inledning och förklarande noter av Bengt Högberg och Alf Härdelin), Veritas, Stockholm 2008

Foucault, Michel, *Sexualitetens historia band 1: Viljan att veta*, (övers. Britta Gröndahl, med förord av Per Magnus Johansson), Daidalos, Göteborg 2004 (1976)

Goethe, Johann Wolfgang von, "Observations on Leonardo da Vinci's celebrated picture of The Last Supper" (1817), i John Gage (sel., ed. and transl.), *Goethe on Art*, University of California Press, Berkeley and Los Angeles 1980

Hills, Helen, *Invisible City. The Architecture of Devotion in Seventeenth-Century Neapolitan Convents*, Oxford University Press, Oxford 2004

Hedlin Hayden, Malin & Snickare, Mårten (red.), Performativitet, Teoretiska tillämpningar i konstvetenskap: 1, Stockholm University Press, Stockholm 2017

Kemp, Martin, *Leonardo da Vinci. The Marvellous Works of Nature and Man*, Oxford University Press, London 1989 (1981)

King, Ross, *Leonardo and the Last Supper*, New York 2012

Knowles, David, *The Monastic Order in England. A History of its Development from the Times of St Dunstan to the Fourth Lateran Council 940-1216*, Cambridge University Press, Cambridge 1979 (1948)

Ladis, Andrew, *Taddeo Gaddi. Critical Reappraisal and Catalouge Raisonné*, University of Missouri Press, Columbia and London 1982

Paulsson, Gregor,"Konstens sociala dimension" (1955), i Sven Sandström (red.), *Konstsociologi*, CWK Gleerup Bokförlag, Lund 1970

Paulsson, Gregor,"Die zwei Quellpunkte der romanischen Plastik Frankreich: Toulouse und Cluny", i *Festschrift Joseph Gantner*, Formositas Romanica, Huber & Co., Frauenfeld 1958

Pettersson (Hayden), Hans, *Gregor Paulsson och den konsthistoriska tolkningens problem* (Diss. Uppsala), Brutus Östlings bokförlag Symposion, Stockholm och Stehag 1997

Richter, Jean Paul (ed.), *The Notebooks of Leonardo Da Vinci*, vol. 1, Dover Books, New York 1970

Steinberg, Leo, "Leonardos Last Supper", *The Art Quarterly*, vol. 36, 1973:4

Steinberg, Leo, *Leonardos Incessant Last Supper*, Zone books, New York 2001

Stump, Philip, *The Reforms of the Council of Constance (1414–1418)*, Studies in the History of Christian Thought, LIII, E.J. Brill, Leiden, New York and Cologne 1994

The Rule of Saint Augustine. Masculine and Feminine Versions, (with Introduction and Commentary by Tarsicius J. van Bavel, transl. Raymond Canning), Darton, Longman and Todd Ltd., London 1984

Vasari, Giorgio, *Berömda renässanskonstnärers liv*, del 1 (övers. Ellen Lundberg Nyblom), Pontes, Göteborg 1984 (1550)

Wölfflin, Heinrich, *Den klassiska konsten. En vägledning till den italienska renässansen* (övers. Olof Hoffsten), Hazra, Uppsala 1983 (1899)

Referenshantering: lager, ekon och reflektioner i Lina Selanders *Model of Continuation*
Sara Callahan

Det första uppslaget i barnboken *Zoom* visar en bild av en obestämd röd form som på nästa sida visar sig vara kammen på en tupp; efter ytterligare en utzoomning framträder två barn som betraktar tuppen genom ett fönster; fönstret är placerat i ett av många hus på en stor bondgård, vars skala omkullkastas av ett par gigantiska barnhänder som leker med bondgården som alltså tycks vara en leksak; barnet och leksaken visar sig i sin tur vara en bild i en tidning; på nästkommande bild syns en man i en solstol som läser tidningen; solstolen står i sin tur på däcket på ett kryssningsfartyg som visar sig vara del av en reklambild på en buss i en stadsmiljö, osv.[1] Den alltmer utzoomade bilden illustrerar hur kontextualisering kan ske genom att förändra den ram som läggs kring det verk som skall tolkas.[2] I *Zoom* rör det sig om en enkel rörelse från mikro- till makro- där varje uppslag ger ny information som bidrar till en mer och mer komplett tolkning av scenen. I många samtida konstverk innefattar varje bild i sin tur olika ramar, temporaliteter och referenser, vilket gör att kontextualisering och tolkning

---

Hur du refererar till det här kapitlet:
Callahan, S. 2019. Referenshantering: lager, ekon och reflektioner i Lina Selanders *Model of Continuation*. I Hayden, H. (ed.) *Kontextualisering. Teoretiska tillämpningar i konstvetenskap: 2*. Pp. 171–202. Stockholm: Stockholm University Press. DOI: https://doi.org/10.16993/baw.g. License: CC-BY 4.0

blir betydligt mer komplicerad.³ Om detta handlar föreliggande text.

Fokus ligger på det drygt 24 minuter långa videoverket *Model of Continuation* (2013) av den svenska konstnären Lina Selander. Redan här framträder vissa utmaningar. För att diskussionen ska vara begriplig krävs relativt ingående beskrivningar av verket som består av en rad fragmentariska rörliga bilder och fotografier. Inom den samtida konsten är detta inte alls ett ovanligt format men trots detta fokuserar många texter om konstvetenskaplig bildanalys uteslutande på stillbilder. Rörlig bild tar mer tid i anspråk: i betraktandet av verket men även i beskrivningen av det, och en text som denna måste avväga hur mycket beskrivning som behövs för att göra analysen begriplig, men samtidigt undvika att hamna i en ogenomtränglig textmassa. Med detta sagt vill jag uppmana och uppmuntra mina läsare att själva titta på filmen.⁴

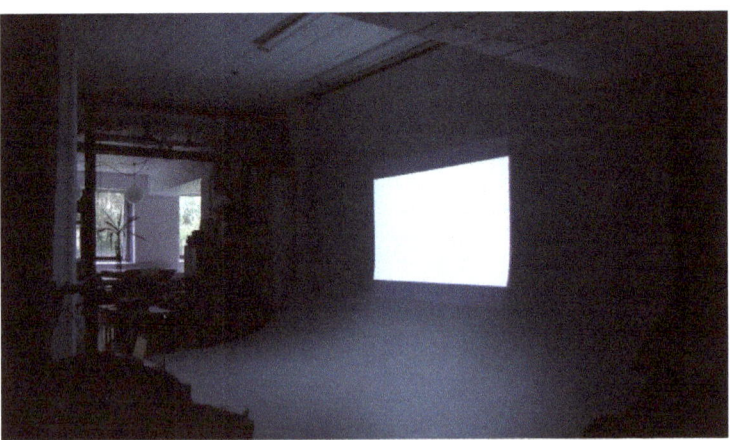

Bild 1. Lina Selander, *Model of Continuation*, 2013. Hd video, 24:31 min. Med stöd från Mikrohistorier, Konstfack och Vetenskapsrådet. Copyright: Lina Selander. Med tillstånd från Galleri Riis. Licens: CC BY-NC-ND

Model of Continuation visar ett stort rum med fönster ut mot en trädgård, längs långsidan finns en vit fotovägg som välver sig mot golvet. På den välvda väggen projiceras en tom filmruta i filmens öppningsscen. Efter några sekunder fylls skärmen av en målad bild av en skog, som följs av vad som ser ut som röntgenbilder av bland annat en skalbagge, redigerade efter rytmen från en visselpipa. Selanders film består således av två filmer där den ena är en inspelning av en uppspelning av den andra. Ibland sammanfogas dessa genom att den uppspelade filmen fyller hela ytan av skärmen; för det mesta ser man dock filmen projicerad på fotoväggen i rummet från olika vinklar och distanser. Rummets ljus förändras av det skiftande dagsljuset som kommer in genom fönstren, och ibland syns enstaka personer som rör sig vid fönstret eller i trädgården utanför. Den film som projiceras består i sin tur av ett stort antal ihopredigerade fotografier och filmfragment, bland annat återkommer skalbaggar i olika former: levande i genomskinliga plastlådor, avgjutningar av gigantiska skalbaggar som utforskas av nyfikna barnhänder, rader av små uppnålade specimen i en museivitrin. En arkitekturmodell av en modernistisk museibyggnad visas från olika vinklar, och det glas som skyddar modellen reflekterar skuggor av betraktare i museirummet och gatulivet utanför. Kameran som filmar scenen är synlig indirekt genom sina konstanta försök att hitta något att fokusera på; de många reflektionerna gör att autofokusfunktionen blir synlig istället för att fungera som ett genomskinligt teknologiskt filter genom vilken världen registreras. Olika klumpar av smälta flaskor, korkar, och fönsterglas med tillhörande etiketter visas, även dessa från vad som tycks vara ett museum. Vissa sekvenser är i färg, andra svartvita; vissa är filmade med handhållen kamera, andra är stilla, och flera ser ut att vara återbruk av äldre arkivmaterial. Bilder av människoskelett är också inklippta, en kvinnas ögonlock öppnas varsamt, men inget öga blottas—det är tomt. En slapp hand undersöks systematiskt av vad som ser ut att vara läkare eller vetenskapsmän. Ormbunkar vajar lätt i ett växthus, en grupp barn övar på en stor exercisplan till ljudet av en visselpipa, och en man som sitter på en trappa bleknar bort till dess att endast skuggan av hans kropp är kvar. En återkommande sekvens visar två händer som metodiskt monterar isär en videokamera.

Som betraktare är det svårt att till en början plocka upp alla olika kopplingar som finns mellan bilderna, men efter att ha sett verket några gånger framträder en upptagenhet vid syn, speglingar och skuggor—kameran filmar gång på gång genom glas där skuggor, reflektioner och försök till autofokus bryter illusionen av en transparent avbildning. Här pekas filmen ut som just film och kamerans många begränsningar blir tydliga. Det finns även en uppenbar koppling till Japan. Om man känner igen filmreferenserna förstår man att det rör sig om Hiroshima vilket understryks av en kort filmsekvens där en atombomb syns genom ett flygplansfönster. Filmen är för det mesta tyst, men ibland hörs ljudet av visselpipor, en motorbåt, ett musikstycke och sorl från människor i museisalarna.

Model of Continuation synliggör flera av de utmaningar man möter när man ger sig på att tolka den typ av samtida konst där konstnären använder sig av material som redan är laddat med olika referenser och som pekar mot andra popkulturella, litterära,

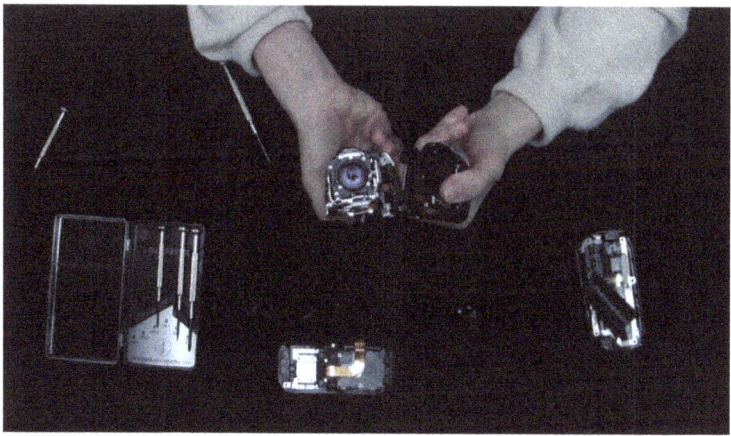

Bild 2. Lina Selander, *Model of Continuation*, 2013. Hd video, 24:31 min. Med stöd från Mikrohistorier, Konstfack och Vetenskapsrådet. Copyright: Lina Selander. Med tillstånd från Galleri Riis. Licens: CC BY-NC-ND

teoretiska eller historiska kontexter.[5] Hur kan man förstå begrepp som text-kontext i relation till den här typen av konstnärlig praktik? På vilket sätt blir de referenser som finns i verket betydelsebärande, och hur kan dessa lager av mening nystas upp? Vad kan konstvetaren bidra med när konstnären själv tar sig an rollen som tolkare av sina verk? Tolkningsakten består alltid av att välja ut och att välja bort—frågan som infinner sig är hur detta praktiskt kan utföras, samt när en tolkning faktiskt är *klar*? Jag kommer att i textens tre huvuddelar peka mot några möjliga svar på dessa frågor genom att fokusera på olika lager av kontextualiseringar som kan mobiliseras i tolkningen av *Model of Continuation*.

Kontext 1: text och paratext

Ett sätt att fördjupa sin förståelse av ett verk är att läsa olika texter som diskuterar och ger information om konstverket. Begreppet *paratext* som myntades av Gérard Genette för att beskriva textelement utanför en litterär text, kan även användas mer allmänt för att ringa in tillägg till andra typer av verk.[6] Paratexten beskrivs som ett slags "obestämd zon" mellan verkets insida och dess utsida, en tröskel som ger läsaren— betraktaren—möjlighet att ta sig in i en text eller ett konstverk. Man kan säga att tolkningen kalibreras under påverkan av paratexten genom att den riktar uppmärksamheten mot vissa element i det verk som tolkas.[7] Det finns ett flertal texter som behandlar *Model of Continuation*: konstnärens egen beskrivning av verket; essäer och andra texter av curators och kritiker; recensioner; samt intervjuer och samtal med konstnären.[8] Genom sådana paratextuella källor är det till exempel möjligt att utröna att tre olika filmer finns inklippta i verket: spelfilmen *Hiroshima, Mon Amour* (1959); dokudramat *The Children of Hiroshima* (1952); och dokumentären *Hiroshima Nagasaki, August 1945* (1970). Man får även veta att filmat material från The Peace Memorial Museum i Hiroshima är flitigt återkommande, liksom ett tekniskt museum och en botanisk trädgård, båda i Tokyo. Konstnärens egna uttalanden och texter klargör att kameran som monteras isär är filmad i samma ateljé där filmen senare projiceras, samt att verket har en speciell tillkomsthistoria. Efter att ha gjort klar och ställt ut en film med titeln *To the Vision Machine* (2013) uppfattade Selander att någonting saknades. *Model of Continuation* är resultatet av att hon då valde att lägga till ytterligare ett filmat lager på denna första film, som är nästan, men inte helt, identisk med den som projiceras på den välvda fotoväggen i rummet.[9]

All denna information fungerar likt fotnoter i en
akademisk text: de gör det möjligt att spåra källor
och att veta vilka referenser som finns direkt kopp-
lade till bilderna. Det är dock viktigt att understry-
ka att dessa paratexter inte endast tillhandahåller
ren eller *objektiv* information utan rör sig mellan
fakta och tolkning. Texter på Selanders hemsida
poängterar att atomexplosionen i Hiroshima gjorde
att skuggorna från människor och annat ristades in
i staden och fungerar som "oavsiktliga monument,"
och att alla som såg explosionen antingen dog el-
ler förlorade synen.[10] Genom att referera till atom-
bomben som en blixt och att hävda att bilder, likt
radioaktivitet "läcker" uppmuntras således en tolk-
ning av verket som tar fasta på relationen mellan
atombomben och den fotografiska tekniken. Detta i
sin tur kopplar samman medierna fotografi och film
med tematik kring död och förgörelse.[11]

Det är givetvis frestande att behandla konstnä-
rens egna ord som ett slags facit som fastställer hur
ett verk bör förstås. Konstnären ger onekligen in-
gångar till verk som annars kan tyckas svårtillgäng-
liga, men dessa och andra texter både stör och styr
tolkningen.[12] Det finns ofta en viss spänning mellan
viljan att låta ett verk vara sin egen kontext, dvs. att
låta det *tala för sig själv*, och att gå till botten med
de referenser som pekas ut. Jag vill dock hävda att
ett konstverk egentligen aldrig talar för sig själv, det
är alltid omringat av någon form av paratext och
frågan är alltså inte *om* dessa påverkar tolkningen,
utan *hur*. Detta blir särskilt akut i fallet med den typ
av konst som Lina Selander här representerar där
den faktiska bakgrunden till de bilder och filmfrag-
ment som filmen är uppbyggd av delvis består av
redan laddade betydelsebärande dokument. Det går

att hävda att ett verk som *Model of Continuation* är helt beroende av texter som ger insikt i dess specifika referenser, men det kan vara svårt att veta hur långt man ska gå när det gäller att nysta upp dessa trådar. Till exempel går det att läsa i en intervju att boken *Atomic Light (Shadow Optics)* fick Lina Selander att intressera sig för bildens osynliga kärna och den koppling som finns mellan fotografiet, atombomben och total förintelse.[13] Är det nödvändigt att läsa boken för att kunna tolka konstverket? Behöver vi se de filmer som konstnären pekar ut som källor för vissa sekvenser i filmen? I ett mail till undertecknad berättar Lina Selander att det var filmvetaren Trond Lundemo—som skrivit om Selanders konstnärskap—som först gjorde henne uppmärksam på Akira Mizuta Lippit, författaren till *Atomic Light*.[14] Här blir det tydligt att ett verk som *Model of Continuation* fungerar som en nod i ett stort nät av referenser där påverkan rör sig i olika riktning. Varken tolkaren eller det som tolkas är således autonoma, och den som skriver om en nu levande konstnär kan alltså direkt eller indirekt påverka konstnärens egen tolkning och kontextualisering av sitt verk.

Frågan är också om konstnärens egna texter i dessa fall är att betrakta som paratext, i någon mening utanför verket självt? Om man väljer att närma sig konstnärens egen text om verket som en del av verket—om än kanske en underordnad del—bör dessa givetvis läsas och tolkas kritiskt. På samma sätt som bildelement analyseras (Vilka bilder har valts ut? Vad refererar de till? Hur är filmen redigerad? etc.) måste även texten brytas ner och tolkas (Hur är den skriven? Vilka ord används? Vad pekas ut som viktigt, och vad nämns inte alls?). Huruvida texten betraktas som del av verket eller inte påverkar också vilka sanningsanspråk som läggs på den: är den likt ovan nämna fotnoter eller snarare en fiktiv text med tillhörande frihet att överdriva och fabulera?[15]

Model of Continuation innehåller även faktisk text—i den film som projiceras finns textrader som "we would only talk about the abstract qualities of images" och "a slow evaporation of the visual". Ofta återfinns samma text längst ned på den skärm som visar rummet och filmen i filmen, men då är texten för det mesta inom hakparantes, ibland även överstruken. De skiftande vinklarna på texterna gör att filmens olika bildlager blir synliga på ett konkret sätt, information läggs på annan information som resulterar i små förskjutningar i interpunktion och rytm. De texter som är del av den projicerade

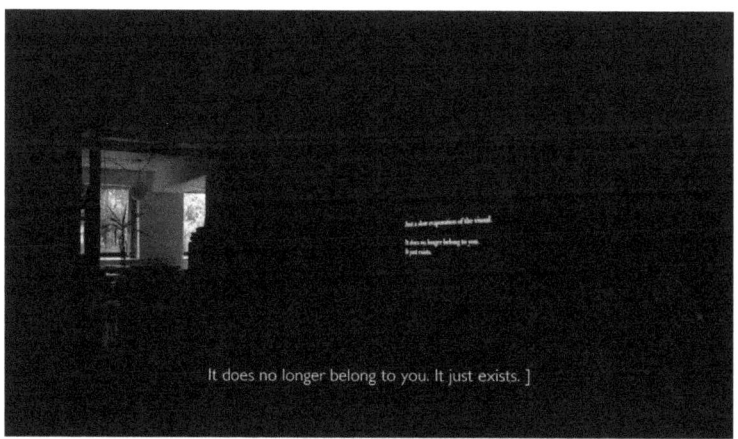

Bild 3. Lina Selander, *Model of Continuation*, 2013. Hd video, 24:31 min. Med stöd från Mikrohistorier, Konstfack och Vetenskapsrådet. Copyright: Lina Selander. Med tillstånd från Galleri Riis. Licens: CC BY-NC-ND

filmen visas under längre tid än de på filmen som innefattar skärmen och rummet. I den senare är det mestadels endast en rad text, vilket gör att textsekvenser bryts upp till flera mindre enheter. Utöver det som sägs i texten, har textlagren även en formell och spatial funktion. Att texten finns på två olika lager samtidigt gör att rumsligheten tydliggörs och att de skärmar vi tittar på för att se både rummet och den projicerade filmen blir extra synliga som just skärmar. Skärmens transparens utmanas och de temporala förskjutningarna påminner om att det vi ser är ett antal olika lager rörlig bild, vilka alla på olika sätt är konstruerade.

Relationen text-bild är djupt förankrad i Selanders verk inte bara för att faktisk text står över faktisk bild, utan även genom att det diskursiva och det fotografiska kopplas ihop på olika sätt. Den diskursiva kontexten för bilderna—de arkiv de kommer ifrån, de lager av mening som finns inbyggda i dem—skapar ett slags spänning där bilden både är i sig själv nog och samtidigt är helt avhängig den textuella kontext som etablerar dess mening. Selanders samarbetspartner Oscar Mangione beskriver i en intervju den komplexa relationen till kontext så här:

> Two distinct forces are at play: a love for the image itself, and a constant undermining of the relationship between text and image. I imagine that this outside of the image, its context or place within a discursive order, in an archive perhaps, is dependent on text, and our images and sequences of images have an obvious, but vague, connection to this order. At the same time, and maybe even in the very same movement that binds them to a textual order, the works establish or try to establish independence on the level of the photographic or cinematic inscription.[16]

Detta speglar den ovan nämnda spänning som finns mellan att låta ett verk *tala för sig själv* och att se det som ofrånkomligt sammankopplat med dess paratext—dvs. tanken att ett konstverk ska kunna upplevas direkt utan att betraktaren behöver läsa på om konstnärens bakgrund och intentioner eller ta till andra tolkningshjälpmedel. Den spänning som finns i själva filmen är istället mellan bilden som på något sätt direkt eller självständig, och bilden som ihopkopplad med de referenser som finns bakom den. *Model of Continuation* iscensätter och bearbetar alltså just det som tolkningen av verket brottas med: nämligen hur mening skapas i bild, mellan bilder, och mellan bild och text. Verkets form och innehåll är på så sätt djupt sammanflätade, och även den tolkningsprocess som betraktaren går igenom följer den tematik som verket bearbetar. Det är således svårt att göra en knivskarp åtskillnad mellan text (verk) och kontext i det här fallet; och denna sammanflätning blir än mer tydlig ju längre in i tolkningen man rör sig.

Kontext 2: montage

Den andra nivån av kontextualisering som jag vill ta upp har att göra med montage och hur mening skapas genom att disparata element sammankopplas. Här kan det vara bra att påminna om två olika etymologiska ursprung av termen *kontext,* vilket klargörs av litteraturvetaren Anders Palm. Å ena sidan prefixet "con" (med), dvs. text som sätts i relation till något externt. Å andra sidan, det latinska verbet "contextere" som betyder "sammanväva" eller "fläta ihop;" dvs. något som utgör en helhet av delar. Här finns alltså, som Palm påpekar, både kontext som ett relationsbegrepp där något externt kopplas ihop med texten, och kontext som beteckning på en texts "interna karaktär av att vara sammansatt av enskildheter som flätats samman till en väv, till en struktur."[17] Båda dessa betydelser, eller betoningar, är aktiva i denna andra nivå. Montage förstås här bokstavligt—den teknik som Selander använder sig av där film- och fotofragment redigeras ihop till en helhet—men även mer bildligt där olika verk kan ses som delar i en större helhet. Jag återkommer till det mer bokstavliga montaget men vill börja med konstnärens oeuvre som ett slags montage där mening skapas genom att olika verk medvetet eller omedvetet ses i ljuset av varandra. Detta kan dels ske i ett utställningsrum där curatoriella beslut resulterar i kopplingar där verk påverkar andra verk, men även när de verk som setts på en annan plats vid en annan tidpunkt eller vad man läst om konstnärskapet påverkar tolkningen av det verk man har framför sig just nu.[18]

Låt mig ge två exempel för att tydliggöra hur detta kan gå till. Det första har att göra med hur bilder av träd och växtlighet återkommer i ett flertal av Selanders verk. I filmen *Silphium* (2014) som fått namn efter en växt som var populär redan under antiken, visas en rad bilder och filmsekvenser av träd som speglas i vatten, reflekteras i glas, växter på tapeter och mynt, ormbunkar och en urholkad stubbe som användes av Östtysklands säkerhetspolis som gömställe för hemlig övervakning. Även i *Lenin's Lamp Glows in the Peasant's Hut* (2011) finns ormbunkar, samt ett stort antal fossiler och olika bilder av skog, träd och växter. Är man bekant med dessa verk kommer bilder av natur och

växtlighet att verka än mer betydelsebärande när de
återkommer i *Model of Continuation*. Filmen öppnar som redan nämnts, med en bild av ett rum där
en palm i en kruka är synlig framför fönstret genom
vilket man skymtar en trädgård. När den projicerade filmen går igång är det just till en målad bild
av en skog eller trädgård. Här pekas ett antal lager
av natur-som-bild ut: fönstret fungerar som skärm
genom vilken man ser en verklig trädgård, krukväxten pekar ut den tuktade naturen, och den målade
bilden är filmad, projicerad, och återfilmad. När
dessa olika lager sätts i relation till växtreferenserna
i de andra verken blir denna natur-kultur tematik
än mer tydlig. Lägg till detta en scen som kommer
senare i *Model of Continuation* där växter speglas
i ett vattendrag, samt i glasdörrar och fönster i ett
stort växthus. Den betraktare som är bekant med
Silphium kan knyta ihop dessa reflekterade växter
och förstå dem som särskilt betydelsebärande.[19]

Även de återkommande bilderna av fossiler i *Lenin's
Lamp* kan läsas i relation till de många röntgenbilder som återfinns i flera av Selanders verk—här är
en möjlig tolkning ett utpekande av det indexikala
avtrycket som kan sägas koppla samman fotografiet, fossilen, skuggan och inskriptionen.[20]

Ett andra exempel på den typ av montage som
kan sägas uppstå mellan verk är det återkommande utpekandet av skärmen och filmmediet. Dels
kan stubben som filmas genom en glasmonter sägas eka liknande scener av reflektioner i museimiljö
som återfinns i *Model of Continuation*. Dels utgörs
öppningsscenen i *Silphium* av en egendomlig bild
som visar sig vara en extremt vinklad av-filmning av
Hans Holbeins målning *Ambassadörerna* (1533).

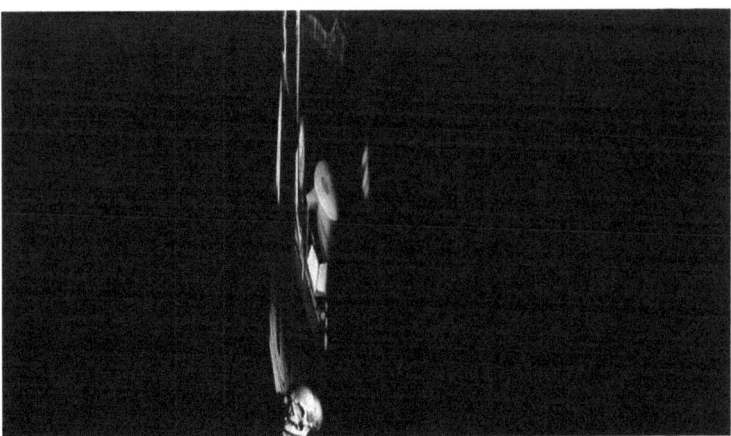

Bild 4. Lina Selander och Oscar Mangione, *Silphium*, 2014, Hd video, 22 min. Med stöd av Kunsthall Trondheim. Copyright Lina Selander och Oscar Mangione. Med tillstånd från Galleri Riis. Licens: CC BY-NC-ND

Nedre delen av målningen upptas av en stor mystisk form—en skalle sedd ur en väldigt skarp vinkel, en så kallad *anamorfos*—som fungerar som ett memento mori kopplad till seende och perspektivförskjutning.[21] I den extremt vinklade bilden av Holbeins målning som finns inklippt i Selanders film är det bara skallen som är synlig i ett korrekt perspektiv, resten av motivet är helt förvrängt; alltså tvärt emot hur man brukar se Holbeins verk. Är man bekant med Selanders hela oeuvre vet man att samma målning återkommer i ytterligare ett verk: *Around the Cave of the Double Tombs* (2010) och knyter alltså ihop dessa båda filmer kring teman som ockupation, instängdhet, kolonialism och kapital. Bilden av Holbeins målning och den extrema vinkeln kan även fogas samman med skärmen som filmen projiceras på i *Model of Continuation*, och bidrar på så sätt till att vinkeln, skärmen och perspektivförskjutningen blir än mer tydliga och att bilden i filmen som visas blir synlig som just filmad och filtrerad genom visuella teknologier. Denna överdrivna förvrängning poängterar de förvrängningar som involveras i allt seende och alla visuella representationer. Holbeins målning kan även synliggöra memento-mori temat i *Model of Continuation* genom att göra betraktaren känslig för hur de inristade skuggor som lämnats i det urbana landskapet efter atombomberna blir en konstant påminnelse om döden, om än i en form som är tydligt kopplad till fotografiet.

Så låt oss då vända blicken till den mer vardagliga betydelsen av montage: en teknik för att sammanfoga bilder inom ett och samma verk. Här fungerar montage som meningsskapande kontext där bildfragment krockar med eller bygger på element från varandra, och där verket som helhet kan sägas kontextualisera dess delar. En av filmhistoriens pionjärer Sergei Eisenstein har i en ofta citerad text från 1929 beskrivit montage som "kollisionen" mellan två givna enheter som därigenom ger upphov till en idé.[22] Montaget är således hur någonting blir mer eller annat än summan av dess delar, vilket Eisenstein exemplifierar med den japanska filmkonsten och skriftspråket. I det senare kan kombinationen av två avbildbara föremål resultera i en bild av någonting som egentligen inte kan återges grafiskt, t.ex. kombinationen av en mun och en fågel får betydelsen "sjunga".[23] Montage är här alltså ett sätt att visa i bild det som är på gränsen till vad bildspråket kan uttrycka.

En sekvens i *Model of Continuation* består av en lång tagning som börjar med ett stort antal träd, som efter en utzoomning visar sig vara små träd i en arkitektur-modell; via paratextuella källor har platsen identifierats som Peace Memorial Museum

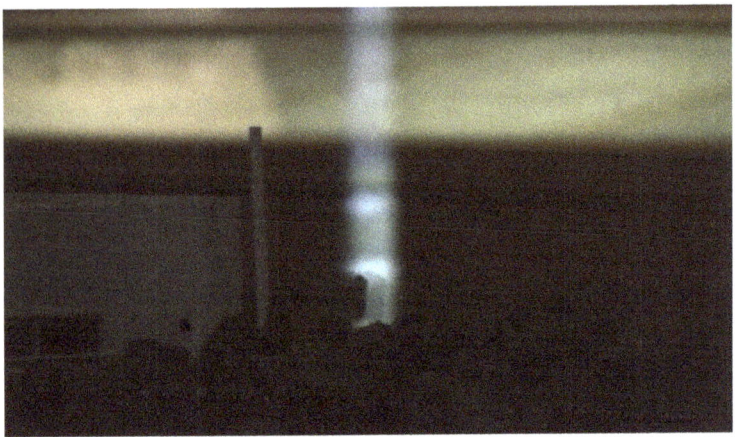

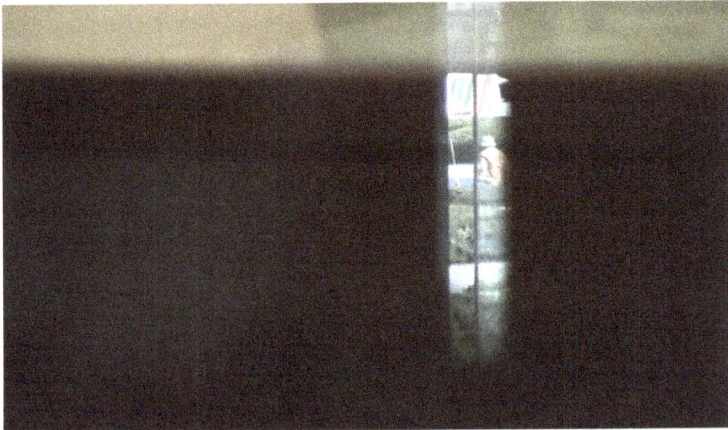

Bild 5-6. Lina Selander, *Model of Continuation*, 2013. Hd video, 24:31 min. Med stöd från Mikrohistorier, Konstfack och Vetenskapsrådet. Copyright: Lina Selander. Med tillstånd från Galleri Riis. Licens: CC BY-NC-ND

i Hiroshima. Scenen tycks filmad med handhållen kamera och rör sig runt i rummet och fokuserar på olika delar utan att stanna upp särskilt länge vid en punkt. Det blir tydligt att modellen är bakom glas eftersom skuggor från museibesökare flimrar förbi och en skarp ljusstråle speglar ett fönster genom vilket landskapet utanför syns, bilar kör förbi och personer strosar omkring. Här visas alltså ett antal scener i samma scen, men betraktaren har endast tillgång till dem indirekt, och glaset är i sig endast synligt genom vad som reflekteras i det. När kameran rör sig upp över modellen ser man även hur rummet innehåller andra glasmontrar och stora svart-vita fotografier som hänger på väggen. Denna scen är en av de få i *Model of Continuation* som har naturligt ljud: ett dovt brus, en högtalarröst och ett långsamt pianostycke som spelas upp. Efter ett klipp kommer vi till en helt tyst scen av rummet med den välvda fotoväggen, dock utan uppspelad film. Efter ett antal sekunder syns texten "We would only talk about the abstract qualities of images", både på den projicerade skärmen, och inom hakparenteser längst ned på *vår* skärm.

Denna sekvens kan uppfattas som ett montage av två scener (museet med modellen och rummet där filmen spelas upp), men det är också möjligt att se scenen i museet som ett montage där olika bilder finns som reflektioner som pekar mot någonting utanför själva bilden. Modellen av museet står inuti det byggda museet vilket i sig lyfter intressanta frågor kring representation och dubblering. Byggnadens insida och utsida överlappar genom reflektionerna i glaset, och scenen rymmer åtskilliga lager av rörelse/stillhet, historia/samtid. Museet är en iscensättning av Hiroshimas historia och själva rörelsen i bilden, in- och utzoomningarna, speglingar och fokuseringsproblem när kameran försöker förstå vad som är för- och bakgrund underbygger tematiken om visuella regimer, historieskrivning och vår relation till det förgångna.[24] Den plötsliga tystnaden gör också att det naturliga ljudet blir påtagligt frånvarande vilket drar fokus till skärmen i rummet där en tom filmruta projiceras. Detta rum har också en liknande dubblerad effekt i verket: kameran som monteras isär har filmat vissa scener vi ser i den film som projiceras i rummet, och rummet där kameran monteras isär är det rum där filmen av detta förlopp visas. Textraden om bilders abstrakta kvaliteter kan givetvis kopplas ihop med alla dessa lager av betydelsebärande referentialitet. Vad är det kameran inte kan fånga? Eller, vad är det som finns bakom och mellan det synliga i de bilder vi ser?

Montage i Selanders verk kan betraktas både som teknik och som ett teoretiskt förhållningssätt kring tolkning. Susan Buck-Morss har beskrivit hur filosofen Walter Benjamin närmade sig montaget som "teori".[25] Montagets kritiska dimension kommer av hur det avbryter den kontext i vilken det infogas, men det har samtidigt en kreativ, konstruktiv potential; dvs. den skapar mening och samband just genom att bryta upp förgivettagna samband.[26]

kontext 3: associativa referenser

I detta kapitels första del diskuterades hur paratext kan peka ut de faktiska referenser som finns i de bildelement som utgör *Model of Contunuation* samt hur man kan förstå text i relation till bild mer allmänt i verket. I del två har begreppet montage fungerat som ingång till en diskussion om hur verk och bilder påverkar varandra för att de befinner sig i samma kontext; dvs. att de är del av samma oeuvre eller verk. Jag vänder mig nu till en tredje nivå av kontextualisering: hur de avlagringar och referenser som finns i de bild- eller filmelement som utgör *Model of Continuation* kan analyseras genom att sätta in verket i ett bredare nät av associationer. Denna typ av tolkning kan beskrivas som att den som tolkar plockar från hela sin arsenal av kunskap, erfarenheter och känslor. Genom dessa bygger tolkaren upp länkar till andra kunskapsstrukturer som hakar i dem som verket mobiliserar.

Den bokstavliga betydelsen av kamera är rum, och det är möjligt att tolka rummet och projektionen i rummet med detta som startpunkt. Här kan filosofen och semiotikern Roland Barthes verk *Det ljusa rummet* mobiliseras som referens, bland annat genom att koppla Selanders intresse för kameran och dess begränsningar till Barthes diskussion om fotografiets relation till minne, saknad och död. I *Det ljusa rummet* skriver Barthes om fotografiets upplevda kapacitet att sammanfoga det förgångna med nuet, men även hur det ofta inte fungerar, alltså hur bilden inte fångar en person eller händelse trots att de faktiskt syns på bild. Barthes diskuterar detta i relation till begreppen *punktum* och *studium,* och texten har kommit att bli en klassiker inom fototeori.[27] Det ljusa rummet, eller camera lucida, är en referens till en förfotografisk teknik, som användes som rithjälpmedel främst under 1800-talet. Camera obscura, som bokstavligen betyder "mörkt rum" på latin, är en relaterad teknik. Även den ett optiskt instrument, men här en mörk kammare försedd med ett litet hål genom vilket ljusstrålar kan passera. Tekniken har en lång historia och anses ofta vara en föregångare till den fotografiska kameran. Selanders film visas i ett och samma rum som kan ses som ett slags camera obscura, men det finns många andra spår som hakar i denna tematik. Den systematiska isärmonteringen av kameran som visas i *Model of*

Continuation kan tolkas som ett försök att gestalta just den plats där bildens essens återfinns. Det blir tydligt att den digitala kameran saknar ett sådant inre rum, allt plockas systematiskt isär men inget hittas. Betraktaren påminns också om det öga som blottas och som visar sig vara endast ett tomrum bakom ögonlocken. De frågor som filmen tycks uppehålla sig vid, visuella tekniker och dess begränsningar, samt kopplingar mellan död och fotografi, kompliceras och underbyggs här ytterligare.

Den redan nämnda mannen på trappan visas två gånger i filmen, först materialiseras han från en skugga på trappsteget, nästa gång sker samma sekvens i motsatt riktning, mannen sitter med nerböjt huvud och bleknar långsamt bort till dess att endast skuggan är kvar. Dessa båda sekvenser är även filmade från motsatta vinklar vilket gör att skärmen förvrängs åt olika håll i de båda bilderna. Återigen är det bildens konstruerade aspekter som understryks och påminner betraktaren om att det vi ser är filtrerat genom en rad olika lager av in- och uppspelningar. Om rummet i filmen kan ses som en potentiell camera obscura, kan även mannen på trappans ingraverade skugga sägas synliggöra hur atombomben gjorde hela staden till en kamera: dess ljus var så starkt att skuggor blev beständiga märken på husväggar, trappor och gator i Nagasaki och Hiroshima. Fotografiet som index, ett materiellt spår, är relevanta element att diskutera här, och kan kopplas till andra icke-fotografiska index av förödelse som ägt rum i historien så som till exempel de hålrum i staden Pompeji där människor begravts under ett lager av lava i ett vulkanutbrott år 79 e.Kr. Avbildning, död och konst knyts samman. Utöver de filmade sekvenserna av mannen på trappan—tagna från filmen *The Children of Hiroshima*—finns ytterligare en referens till trappan: ett fotografi filmat genom glaset på en museivitrin. På bilden syns en persons ben, kanske en vakt eller militär av något slag, och en mörk skugga på ett trappsteg. Bilden är del av en bok eller större dokument, där omkringliggande bilder endast skymtas. I glaset finns en skarp solstråle samt reflektioner av en museibesökares ben, eller möjligtvis personen som filmar scenen. Återigen har vi att göra med en dubblering—ben då och ben nu—men även olika rumsligheter och lager av temporalitet och representation genom skärmar, glas och teknologi.

Ett annat exempel på vidgad kontextualisering är tolkningen av de bilder och filmsekvenser som visar ormbunkar. Den så kallade ormbunksfebern eller *Pteridomania* under den viktorianska eran

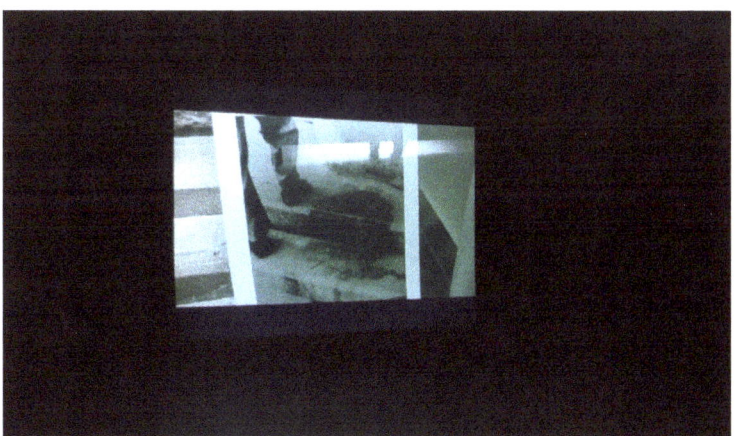

Bild 7. Lina Selander, *Model of Continuation*, 2013. Hd video, 24:31 min. Med stöd från Mikrohistorier, Konstfack och Vetenskapsrådet. Copyright: Lina Selander. Med tillstånd från Galleri Riis. Licens: CC BY-NC-ND

har diskuterats i relation till en annalkande modernisering och industrialisering av det brittiska samhället. Ormbunken användes då för att knyta an till en ur-form (spiralen) och långa historiska epoker eftersom ormbunken är en uråldrig växt och ofta förekommande i fossila kvarlevor.[28] Kunskap om Pteridomania kan sammanfogas med den tematik som lyfts i *Model of Continuation* där mannen på trappan blir ingraverad i materialet likt en fossil. Denna tanketråd leder vidare till hur ormbunken har förblivit relativt oförändrad genom långa historiska epoker, vilket i sin tur kan kopplas samman med de bilder av skalbaggar och kackerlackor som ofta sägs överleva till och med en atombomb.

Det som gör det extra svårt att tydligt separera text och kontext, eller verk och tolking, i *Model of Continuation* har att göra med den förändrade roll som konstnären kommit att få under senare år, där hen ofta arbetar likt en forskare och samtidigt agerar kritiker eller tolkare av sina egna verk.[29] När man som konstvetare tolkar ett verk där konstnären arbetat med en djupgående bearbetning av dokument och ett intresse för referenser och de spår som färdas genom dessa, blir det en potentiell svårnavigerad överlappning mellan text och kontext. Lina Selander har på ett väldigt medvetet plan stoppat in en rad referenser i sitt verk och bearbetar samtidigt tematik som har att göra med tolkningsprocessen som sådan. Konstvetaren tar sig in i verket genom dessa trösklar, men om vi enbart packar upp det som konstnären stoppat in i verket blir vi ganska överflödiga. Vår tolkning måste gå djupare och vidare än så. Ett sätt att göra detta är att koppla ihop det Selander gör med vidare strömningar inom konsten och samhället i övrigt. En sådan strömning är det som ibland benämns "den arkiviska vändningen."[30] Detta intresse sträcker sig långt utanför konsten, men kan läsas i skenet av Selanders bearbetning av historiska dokument och vise versa. Relaterat till detta är det som inom akademin benämns som mediearkeologi, nämligen intresset för mediers materialitet och hur detta påverkar hur och vad olika medier kan kommunicera.

Avslutande diskussion

Den här texten har försökt närma sig och tolka Lina Selanders videoverk *Model of Continuation* genom att peka ut några av de lager av referenser som verket tar upp, och genom att diskutera hur dessa ekar och reflekterar varandra inom och utanför verket. För att klargöra dessa olika lager och relationer kan man ta hjälp av etablerade metaforer eller begrepp. Termen *palimpsest* har kommit att bli en populär metafor för de lager av referenser som figurerar i samtida konstverk. Palimpsest refererar från början till en "pergamenthandskrift vars text bortskrapats och ersatts av en ny", men där tidigare lager i viss mån lyser igenom på senare tillägg.[31] Innan man anammar en sådan vanligt förekommande metafor är det är värt att stanna upp och fundera på vad den faktiskt *gör*: är palimpsest verkligen rätt bild för att beskriva ett verk som *Model of* Continuation? Palimpsest är onekligen en förförisk term, men likt barnboken *Zoom* som inledde diskussionen missar den det dynamiska och instabila element som dessa meningslager har till varandra i Lina Selanders verk där överlappningar, glidningar och reflektioner knyter samman tolkning och tematik på en rad olika sätt. Man kan säkerligen uppfatta den tolkningsprocess som denna typ av verk kräver som frustrerande—inte minst därför att det inte finns en given slutpunkt i tolkningen. Det finns inte en nyckel som kan sägas låsa upp verket en gång för alla. Snarare har man att göra med en rad olika lager och referenser som delvis pekar åt olika håll och där tolkningen hela tiden öppnar upp mot nya referenser och trådar som kan nystas upp. Mer användbart än *palimpsest* är begreppet *kunskapsekologi* i detta sammanhang. Som begrepp för att förstå Selanders konstverk är en naturlig process som ekologi givetvis delvis missvisande, här rör det sig om en konstnär som medvetet skapar ett verk, snarare än fysiska eller kemiska processer. Kunskapsekologi kan dock användas för att beskriva verk som likt *Model of Continuation* arbetar med arkivmaterial och olika referenslager—termen signalerar en rörelse som är både organisk och strukturerad, där olika element i ett verk är sammankopplade och kontextualiserar varandra i en komplex och delvis oöverskådlig struktur.[32] Termen ekologi pekar även ut hur bilder, texter och referenser påverkar och påverkas av andra bilder, texter och referenser, men även hur tolkningar påverkar andra tolkningar.

Noter

1. Istvan Banyai, *Zoom* (London: Puffin, 1998). Boken består enbart av bilder utan tillhörande text. *Zooms* visuella grepp användes i den populära podcasten *Serial* för att illustrera hur serien avsåg innefatta både

extremt närgångna detaljer och ett mer heltäckande helikopterperspektiv.

2. Inramning, eller "framing" är ett sätt att förstå tolkning. Mieke Bal och Norman Bryson väljer istället begreppen text-kontext för att peka på en mer rörlig form, där avgränsningar mellan ram och inramat inte är statisk eller enkelriktad. Mieke Bal och Norman Bryson, "Semiotics and Art History," *The Art Bulletin* 73, no. 2 (June 1991): 174–208.

3. Termen kontext kan, som blir tydligt i den här antologin, ha mer eller mindre strikta betydelser. Ett sätt att förhålla sig till kontext och kontextualisering i konstvetenskap är att klargöra utställningssituationer och proveniens; hur ett verk ställs ut och hur det rört sig genom historien. Jag kommer i denna text inte fokusera på den typen av kontext utan använda mig av begreppet i vidare mening, som verkets sammanhang, och särskilt bilden som en nod i ett nät av olika sammanhang. Givetvis skulle det vara intressant att diskutera Selanders verk i relation till hur de faktiskt ställs ut, samt att klargöra skillnader mellan att se verket på nätet genom en dataskärm i sitt arbetsrum och att se det på t.ex. Venedigbiennalen där Selander visade en hel serie verk 2015.

4. "Lina Selander, Model of Continuation," Vimeo, hämtad 2017.04.18, https://vimeo.com/73997493.

5. Lina Selanders verk fungerar i min diskussion som ett exempel på denna typ av samtida konstverk. Mitt fokus på *Model of Continuation* bör därmed ses som en pragmatisk ingång i ett större tematiskt kluster av frågeställningar som rör tolkning och kontextualisering där de specifika detaljerna har med Selanders verk att göra, medan de större tolkningstekniska aspekterna är applicerbara på andra verk som är gjorda i samma "anda."

6. Gérard Genette, "Introduction to the Paratext" (1987), övers. Marie Maclean, *New Literary History* 22, no. 2 (Spring 1991): 261–72.

7. Genette, "Introduction to the Paratext," 261. Genette delar in paratext i två huvudgrupper: *peritext* är det som finns i direkt anslutning till texten så som titel, förord, fotnoter, index etc., medan *epitext* är de element som befinner sig utanför texten som till exempel intervjuer med författaren, dagböcker, samtal, korrespondens etc. Genette, "Introduction to the Paratext," 263–64.

8. Några sådana texter är: Magnus Bärtås och Andrej Slavik, red., *Microhistories* (Stockholm: Konstfack Collection, 2016); Lena Essling, red., *Lina Selander: Excavation of the Image: Imprint, Shadow, Spectre, Thought*, Moderna Museets Utställningskatalog 385 (Cologne: König Books, 2015); Helena Holmberg, red., *Lina Selander. Echo.: The Montage, the Fossil, the Sarcophagus, the x-Ray, the Cloud, the Sound, the Feral Animal, the Shadow, the Room, and "Lenin's Lamp Glows in the Peasant's Hut"* (Stockholm: OEI editör och Index, 2013); Sheena Malone, "'Meta-Montage' of the Pavilion," Arterritory, hämtad 2017.06.18, http://www.arterritory.com/en/texts/interviews/4749-meta-montage_of_the_pavilion/. Även verktexter och vekens titlar är viktiga och bidrar till hur man förstår ett verks mening. Jag fokuserar inte på dessa i den här texten, men även dessa paratexter bör givetvis tas i beaktande när man tolkar ett verk.

9. Samtal med konstnären i hennes ateljé, 2016.08.29.

10. "In Hiroshima things and people were erased in a flash. Their shadows were impressed on the city's surfaces (plants, the man on the staircase). The flash of the atomic explosion can only be witnessed at the cost of one's eyesight or life." "Works: Model of Continuation," Lina Selander, hämtad 2017.04.18, http://www.linaselander.com/works/index.php?id=21&cat_id=&p=#ontitle. Lina Selander's website is in the process of being changed. The links to specific pages on that site may therefore no longer work by the time this book goes to print.

11. "Works: Model of Continuation", Lina Selander, hämtad 2017-04-18, http://www.linaselander.com/works/index.php?id=21&cat_id=&p=#ontitle. Lina Selander's website is in the process of being changed. The links to specific pages on that site may therefore no longer work by the time this book goes to print.

12. För en klassisk diskussion om tolkning och konstnärlig intention, se W.K. Wimsatt, "The Intentional Fallacy," *The Sewanee Review* 54, no. 3 (September 1946): 468–88.

13. Malone, "'Meta-Montage' of the Pavilion"; Akira Mizuta Lippit, *Atomic Light (Shadow Optics)* (Minneapolis: University of Minnesota Press, 2005).

14. E-postmeddelande till undertecknad från Lina Selander, 2017.10.17.

15. För mer om hur samtida konst relaterar till fakta och fiktion, se Carrie Lambert-Beatty, "Make-Believe: Parafiction and Plausibility," *October* 129 (Summer 2009): 51–84. Okwui Enwezor, "Documenta 11, Documentary and 'The Reality Effect,'" *Experiments with Truth*, Mark Nash, red. (Philadelphia, Pa.: FWM, The Fabric Workshop and Museum, 2004), 97–103.

16. Lina Selander, Oscar Mangione, Axel Andersson, "The Touch of the Reel: A Conversation Between Lina Selander, Oscar Mangione and Axel Andersson," *Microhistories*, red. Magnus Bärtås och Andrej Slavik (Stockholm: Konstfack Collection, 2016), 130.

17. Anders Palm, "Kontext," i *Tolv begrepp inom de estetiska vetenskaperna*, red. Hans-Olof Boström (Stockholm: Carlssons, 2000), 272.

18. Detta kan förstås även i relation till begreppet paratext som diskuterats ovan; Genette skriver t.ex. om författarens namn som paratext. Denna paratext påverkar förväntningar från det man redan vet om en konstnär eller ett konstnärskap, men det jag vill fokusera på här är en bredare betydelse av hur ett specifikt

verk kan ses som en del i en kedja av andra verk av samma konstnär. Notera även den stora förenkling som jag gör mig skyldig till här: de curatoriella beslut som tas i varje utställningssituation är ett stort ämne i sig, och diskussionen om en konstnärs verk i relation till andra konstnärers verk är något jag inte har möjlighet att gå in på här, men båda dessa är givetvis andra viktiga kontexter, som bör tas upp i en djupare analys.

19. Jag bortser helt från kronologi och kausalitet här och diskuterar inte vilken film som gjordes först och således vilken som kan tänkas påverka de andra, eftersom detta inte spelar alltför stor roll för idén om montage som det diskuteras här.

20. "Det indexikala" är en referens till semiotikern Charles Sanders Peirce som gjorde en uppdelning mellan tecken som index, ikon och symbol. För övergripande diskussioner om indexikalitet och fotografi, se till exempel James Elkins, red., "The Art Seminar," *Photography Theory* (New York: Routledge, 2007), 129–203. Liz Wells, red., *Photography: A Critical Introduction*, 5th edition (London ; New York: Routledge, Taylor & Francis Group, 2015).

21. Nationalencyklopedin beskriver *Anamorfos* så här: "…en perspektiviskt förvrängd bild som återfår sina rätta proportioner när den betraktas ur en viss vinkel eller i en cylindrisk, konisk eller pyramidformad spegel." *Nationalencyklopedin* (Höganäs: Bokförlaget Bra Böcker, 1989).

22. Sergej Eisenstein, "Bortom Filmbilden" (1929), *Konst och film. Del 1: Texter före 1970*, Kairos, 9:1, red. Trond Lundemo (Stockholm: Raster, 2004), 87–88.

23. Eisenstein, "Bortom Filmbilden," 79.

24. Begreppet *visuell regim*, eller *skopisk regim* har att göra med hur vi kommer att se och värdera det vi ser på olika sätt; det vill säga en periods visuella teorier

och praktiker. Filmkritikern Christian Metz och historikern Martin Jay har skrivit om detta. Christian Metz, *The Imaginary Signifier: Psychoanalysis and the Cinema*, övers. Celia Britton (Bloomington, Ind.: Indiana Univ. Press, 2000); Martin Jay, "Scopic Regimes of Modernity," *Vision and Visuality*, red. Hal Foster (Seattle: Bay Press, 1988).

25. Susan Buck-Morss, *The Dialectics of Seeing: Walter Benjamin and the Arcades Project*, (Cambridge, Mass.: MIT Press, 1999), 73–74; Mike Featherstone, "Archiving Cultures," *British Journal of Sociology* 51, no. 1 (March 2000): 172.

26. Buck-Morss, *The Dialectics of Seeing*, 77. Notera även att Selander har gjort en hel film om Walter Benjamin och den plats där han tillbringade sitt sista dygn: *The Hours That Hold the Form (A Couple of Days in Portbou)* (2007).

27. Roland Barthes, *Det ljusa rummet: Tankar om fotografiet* (1980), övers. Mats Löfgren (Stockholm: Alfabeta, 2006).

28. Se till exempel David Elliston Allen, *The Victorian Fern Craze: A History of Pteridomania* (London: Hutchinson, 1969); Sarah Whittingham, *Fern Fever: The Story of Pteridomania* (London: Frances Lincoln, 2012).

29. Peter J. Schneemann, "Contemporary Art and the Concept of Art History: Influence, Dependency and Challenge," *Art History and Visual Studies in Europe: Transnational Discourses and National Frameworks*, red. Matthew Rampley, (Leiden; Boston: Brill, 2012), 59–73.

30. Hal Foster, "An Archival Impulse," *October* 110 (Autumn 2004): 3–22; Charles Merewether, red., *The Archive*, Documents of Contemporary Art (London: Cambridge, Mass: Whitechapel; MIT Press, 2006).

31. *Svenska Akademiens ordlista*. (Norstedts, 2011).

32. Pad.ma, "10 Theses on the Archive," *Dissonant Archives: Contemporary Visual Culture and Contested Narratives in the Middle East*, red. Anthony Downey (London: Tauris, 2015), 360. Jämför här även Jacob Kimvalls text i den här antologin som tar upp begreppet *visuell ekologi*. Att ekologi återkommer i relation till kontext och kontextualisering är föga förvånande eftersom ekologi enligt SAOL betecknar "vetenskapen om samspelet mellan organismer o. deras omgivning," dvs. samspelet mellan en organism och dess kontext. *Svenska Akademiens ordlista*. (Norstedts, 2011).

Referenser

Allen, David Elliston. *The Victorian Fern Craze: A History of Pteridomania*. London: Hutchinson, 1969.

Bal, Mieke, och Norman Bryson. "Semiotics and Art History." *The Art Bulletin* 73, no. 2 (June 1991): 174–208.

Banyai, Istvan. *Zoom*. London: Puffin, 1998.

Bärtås, Magnus, och Andrej Slavik, red. *Microhistories*. Stockholm: Konstfack Collection, 2016.

Barthes, Roland. *Det ljusa rummet: Tankar om fotografiet*. (1980) Översättning av Mats Löfgren. Stockholm: Alfabeta, 2006.

Buck-Morss, Susan. *The Dialectics of Seeing: Walter Benjamin and the Arcades Project*. Cambridge, Mass.: MIT Press, 1999.

Eisenstein, Sergej. "Bortom Filmbilden." *Konst och film. Del 1: Texter före 1970*, Kairos, 9:1, red. Trond Lundemo, 75–96. Stockholm: Raster, 2004 (1929).

Elkins, James, red. "The Art Seminar." *Photography Theory*, 129–203. New York: Routledge, 2007.

Enwezor, Okwui. "Documenta 11, Documentary, and 'The Reality Effect.'" *Experiments with Truth, Red.*

Mark Nash, 97–103. Philadelphia, Pa.: FWM, The Fabric Workshop and Museum, 2004.

Essling, Lena, red. *Lina Selander: Excavation of the Image: Imprint, Shadow, Spectre, Thought.* Moderna Museets Utställningskatalog 385. Köln: König Books, 2015.

Featherstone, Mike. "Archiving Cultures." *British Journal of Sociology* 51, no. 1 (March 2000): 161–84.

Foster, Hal. "An Archival Impulse." *October* 110 (Autumn 2004): 3–22.

Genette, Gérard. "Introduction to the Paratext." (1987) Översättning av Marie Maclean. *New Literary History* 22, no. 2 (Spring 1991): 261–72.

Holmberg, Helena, red. *Lina Selander. Echo.: The Montage, the Fossil, the Sarcophagus, the x-Ray, the Cloud, the Sound, the Feral Animal, the Shadow, the Room, and "Lenin's Lamp Glows in the Peasant's Hut."* Stockholm: OEI editör och Index, 2013.

Jay, Martin. "Scopic Regimes of Modernity." *Vision and Visuality*, red. Hal Foster. Seattle: Bay Press, 1988.

Lambert-Beatty, Carrie. "Make-Believe: Parafiction and Plausibility." *October* 129 (Summer 2009): 51–84.

Lippit, Akira Mizuta. *Atomic Light (Shadow Optics).* Minneapolis: University of Minnesota Press, 2005.

Malone, Sheena. "'Meta-Montage' of the Pavilion." Arterritory. Hämtad, 2015.10.06. http://www.arterritory.com/en/texts/interviews/4749-meta-montage_of_the_pavilion/.

Merewether, Charles, red. *The Archive.* Documents of Contemporary Art. London : Cambridge, Mass: Whitechapel ; MIT Press, 2006.

Metz, Christian. *The Imaginary Signifier: Psychoanalysis and the Cinema.* Översättning av Celia Britton. Bloomington, Ind.: Indiana Univ. Press, 2000.

Nationalencyklopedin. Höganäs: Bokförlaget Bra Böcker, 1989.

Pad.ma. "10 Theses on the Archive." *Dissonant Archives: Contemporary Visual Culture and Contested Narratives in the Middle East,* red. Anthony Downey, 352–63. London: Tauris, 2015.

Palm, Anders. "Kontext." *Tolv begrepp inom de estetiska vetenskaperna,* red. Hans-Olof Boström, 261–81. Stockholm: Carlssons, 2000.

Schneemann, Peter J. "Contemporary Art and the Concept of Art History: Influence, Dependency and Challenge." *Art History and Visual Studies in Europe: Transnational Discourses and National Frameworks,* red. Matthew Rampley, 59–73. Leiden ; Boston: Brill, 2012.

Selander, Lina. Hämtad 2017.04.17. http://linaselander.com

Selander, Lina, Oscar Mangione, Axel Andersson. "The Touch of the Reel: A Conversation Between Lina Selander, Oscar Mangione and Axel Andersson." *Microhistories,* red. Magnus Bärtås och Andrej Slavik, 128–36. Stockholm: Konstfack Collection, 2016.

Svenska Akademiens ordlista. Norstedts, 2011.

Vimeo, "Lina Selander: Model of Continuation." Hämtad 2017.04.17. https://vimeo.com/73997493.

Vimeo, "Lina Selander: To the Vision Machine." Hämtad 2017.04.17. https://vimeo.com/65577258.

Wells, Liz, red. *Photography: A Critical Introduction.* 5th ed. London; New York: Routledge, Taylor & Francis Group, 2015.

Whittingham, Sarah. *Fern Fever: The Story of Pteridomania.* London: Frances Lincoln, 2012.

Wimsatt, W.K. "The Intentional Fallacy." *The Sewanee Review* 54, no. 3 (September 1946): 468–88.

Författarpresentationer

Sara Callahan försvarade sin avhandling i konstvetenskap vid Institutionen för kultur och estetik vid Stockholm University 2018. Hon arbetar för närvarande som vikarierande lektor i Curating och konstvetenskap vid institutionen. Forskningsintressen: den samtida konstens konstbegrepp, arkivet som begrepp i den samtida konsten, historiska bilders användning och cirkulering i samtida visuell kultur, samt postkritik. ORCID: https://orcid.org/0000-0001-9521-5167.

Hans Hayden är professor i konstvetenskap vid Institutionen för kultur och estetik, Stockholms universitet. Hans forskning och undervisning har främst fokuserat på tre områden: konstvetenskapens historiografi, bildtolkningens teori och historia, samt modernismens teori och visuella kultur. Dessa tre områden fogas samman i hans studie om modernismen, som har översatts till engelska med titeln *Modernism as Institution: On the Establishment of an Aesthetic and Historiographic Paradigm* (Stockholm University Press 2018). ORCID: https://orcid.org/0000-0002-0487-0666.

Anna Ingemark är verksam som universitetslektor i konstvetenskap på Institutionen för kultur och kommunikation vid Linköpings universitet. Hon disputerade år 2010 vid Lunds universitet med avhandlingen *Stockholms stadsbibliotek och Moderna museet – en analys av arkitekturkritik i svensk press*. Ingemark har vid sidan av undervisningen fortsatt att skriva om arkitektur, stadsbyggnad och design ur ett diskursanalytiskt perspektiv. Två av de senaste publikationerna består av bokkapitlen "*Memento mori* – liv och död i stadens diskurs" (i *Föreställningar om döden – Forskares aspekter på vår existens och dess begränsning*, 2017) samt "Arkitekturens resenärer – formandet av en identitet och en diskurs", (i *Perspektiv på "den andre"*, 2018). ORCID: https://orcid.org/0000-0003-3147-6821.

Jacob Kimvall är konstvetare och konstkritiker, och har disputerat vid konstvetenskapliga institutionen på Stockholms universitet. Hans avhandling *The G-Word: Virtuosity and Violation, Negotiating and Transforming Graffiti* (2014) undersöker graffiti som ett fenomen skapat av såväl olika samhällsinstitutioner som subkulturella aktörer, och studerar bland annat Berlinmurens graffiti som en del av det kalla krigets visuella retorik och nolltoleransen mot graffiti i Stockholm under sent 1990-tal och tidigt 2000-tal. Hans intressen som föreläsare och skribent ligger nära forskningen, och behandlar ofta olika vad som brett kan beskrivas som förhandlingar kring bilder i de offentliga rummen – vad de representerar, hur de representerar och hur de ska bör förstås som – till exempel som konst, minnesbilder, reklam eller nedsmutsning. ORCID: https://orcid.org/0000-0001-8448-3588.

Catharina Nolin är professor i konstvetenskap vid Institutionen för kultur och estetik, Stockholms universitet. Hennes forskning är främst inriktad på trädgårdskonst och landskapsarkitektur, som i avhandlingen *Till stadsbornas nytta och förlustande. Den offentliga parken i Sverige under 1800-talet* (1999) och i *En svensk lustgårdskonst. Lars Israel Wahlman som trädgårdsarkitekt* (2008). Under senare år har forskningen huvudsakligen ägnats kvinnliga landskapsarkitekter under 1900-talets första hälft samt historiografi. Undervisningen har en tyngdpunkt inom kulturarvsstudier och arkitekturhistoria. ORCID: https://orcid.org/0000-0002-3852-6011.

Elisa Rossholm är filosofie doktor i konstvetenskap vid Institutionen för kultur och estetik på Stockholms Universitet. Hennes doktorsavhandling fokuserar på identitet och identitetskonstruktion genom svensk skämtpress och skämtbild under det sena 1800-talet. Hon har senast arbetat som utställningsproducent på Norrtälje museum och konsthall. Rossholms nuvarande forskningsprojekt handlar om genren den ordlösa romanen i Europa under 1920- och 30-talen. Projektet drivs inom Bernadotteprogrammet och är finansierat av de kungliga akademierna samt av Birgit och Gad Rausings stiftelse för humanistisk forskning och Åke Wibergs stiftelse. ORCID: https://orcid.org/0000-0002-6655-9611.

www.ingramcontent.com/pod-product-compliance
Lightning Source LLC
Chambersburg PA
CBHW040520220526
45473CB00013B/2930